W0313008

ISBN 978-3-649-64595-5

© 2023 Coppenrath Verlag GmbH & Co. KG,
Hafenweg 30, 48155 Münster, Germany
Grafische Gestaltung: Thomas Wolters, Internetlitho
Redaktion: Kai König
Alle Rechte vorbehalten

Printed in Slovakia

www.coppenrath.de

Maria,
aber nächstes Jahr schenken wir uns nichts!

Mit Illustrationen
von Thorsten Saleina

COPPENRATH

Inhalt

POST

Wo die Kälte herkommt

Franz Hohler

Ganz weit oben in Nordgrönland sitzt auf einem Eisberg die Kältehummel. Sie ist 20.000 Kilo schwer und möchte gerne fliegen. Ihre Flügel sind aber viel zu schwach. Trotzdem läßt sie sie dauernd auf und ab schwirren, weil sie hofft, es gelinge ihr eines Tages doch noch. Dadurch bewegt sie die eiskalte Luft so stark, daß diese bis zu uns kommt. Den ganzen Winter lang übt die Kältehummel, bis sie im Frühling erschöpft einschläft. Zum Glück, denn sonst hätten wir keinen Sommer. Im Sommer schläft die Kältehummel und träumt, sie könne fliegen. Ein Schläuling, der nicht gerne fror, schickte ihr einmal ein Paket voll Schlaftabletten, weil er hoffte, sie schlafe dann auch im Winter. Aber der Briefträger war ein Eisbär, und der war so neugierig, daß er das Paket aufmachte und alle Tabletten selber schluckte. Seither wird in Nordgrönland keine Post mehr ausgetragen, denn der Eisbär schläft noch heute, und weil er der einzige ist, der weiß, wo die Kältehummel wohnt, kann niemand sagen, wie es ihr jetzt geht, aber solang es jedes Jahr Winter wird, können wir annehmen, daß sie noch lebt.

Süßer, die Glocken

Susanne M. Riedel

Meine ganz persönliche Geschichte der Misheard Lyrics, also der falsch verstandenen Liedtexte, führt bis in frühe Kindertage zurück. „Süßer, die Glocken, die klingen …“ habe ich wohl über viele Jahre gesungen.

Also die Berliner Variante, quasi mit einem gefühlten „Ey“ davor, also: „Ey, Süßer, die Glocken, die kling'n!“

Viele solcher Missverständnisse lösten sich mit dem Beginn der Grundschulzeit auf, als ich lesen lernte und im Musikunterricht oder in Büchern die abgedruckten Texte las. Da gab es manches Aha-Erlebnis. Auch außerhalb der Musik. Dass „zum Beispiel“ „zum Beispiel“ heißt, zum Beispiel. Und nicht „zum Ballspiel“. Das habe ich immerhin bis zu einem Diktat in der dritten Klasse gedacht. Und ein trotziger Teil von mir findet die Formulierung auch heute noch ein bisschen schöner als das Original.

Wie jedes Jahr in der Adventszeit mäandern meine Gedanken immer mal wieder zu den Erinnerungen

an die glückseligen Weihnachtsfeste früher Kindertage. Es sind quasi Erinnerungen mit Zimtglasur, darin duftet es nach ofenwarmen Keksen und gebrannten Mandeln und ein wenig nach der Nivea-Creme, die man vor dem Rodeln immer ins Gesicht geschmiert bekam.
Hach ja, könnte man denken.
Auf der anderen Seite … – wenn ich mich mal so richtig erinnere, also ungefiltert, ohne die rosarote Glitzerbrille …

1978

Heiligabend. Ich bin sieben Jahre alt und habe mir eine Katze gewünscht. Was ich kriege, ist eine Steiff-Katze mit Knopf im Ohr. Der Anschiss lauert überall.
Auf dem Plattenspieler plärrt Heintje: „Mamatschi, schenk mir ein Pferdchen."
Onkel Willi ist kürzlich gestorben, deshalb ist Tante Erna bei uns. Tante Erna ist anstrengend. An Onkel Willis Stelle wäre ich auch gestorben.
Meine Mutter ist im Ausnahmezustand, putzt, wäscht und kocht mit Panik im Gesicht. Der Baum, den mein Vater geholt hat, war günstig. Das Lametta glänzt.

1988

Heiligabend. Ich bin 17 Jahre alt und habe aufgegeben, mir eine Katze zu wünschen. Was ich kriege, ist eine goldene Armbanduhr, die mich in den kommenden dreißig Jahren bei jedem Umzug begleiten wird, die ich jedoch an keinem einzigen Tag tragen werde.
Auf dem Plattenspieler plärrt Heintje.
Tante Erna ist bei uns, sie schenkt meinem Bruder Unterwäsche von Onkel Willi mit dem Hinweis, die sei so gut wie nicht getragen.
Meine Mutter ist im Ausnahmezustand.
Der Baum, den mein Vater geholt hat, nadelt. Das Lametta glänzt.

1998

Heiligabend. Ich bin 27 Jahre alt und so rund wie die Christbaumkugeln. Noch sechs Wochen bis zum errechneten Termin. Wieder ein Geschenk, das ich mir jetzt nicht so direkt gewünscht hatte.
Von den Verwandten bekomme ich deshalb jede Menge Babykleidung geschenkt, das einzige Geschenk, das für mich ist, ist ein Birkenöl gegen Schwangerschaftsstreifen. Weihnachten ohne Alkohol ist grausam.
Aus dem CD-Player dudelt Loreena McKennitt.

Tante Erna ist tot, sie hat mir einen Ring vermacht. Und ihre Unterwäsche. Ich bin im Ausnahmezustand.
Der Baum, den ich geholt habe, war schwer. Das Lametta glänzt.

2008

Heiligabend. Ich bin 37 Jahre alt. Sohn 1 schenkt mir ein mit Autos besticktes Lesezeichen aus Papier. Sohn 2 sagt: „Wenn ihr tot seid, kauf ich mir 'ne Katze."
Aus dem CD-Player dudelt Rolf Zuckowski. Tante Erna ist tot, aber meine Schwiegermutter lebt. Ich bin im Ausnahmezustand.
Der Baum, den ich geholt habe, ist wunderschön und fast so hoch wie die Altbaudecke. Die Lichterkette ist kaputt.
Das Lametta glänzt nicht.

2018

Heiligabend. Ich bin 47 Jahre alt. Man hat im Großen und Ganzen aufgehört, sich was zu schenken. Nur die Kinder hatten ihre Bestellwünsche am Black Friday per WhatsApp geschickt, mit Link. Bei meiner Antwort habe ich mich vertippt und statt „Heiligabend" „Heuligabend" geschrieben.

Aus der Bluetooth-Box singen Malediva: „Weihnachten war früher weißer“. Meine Schwiegermutter lebt und lebt. Aber vorher geht’s noch zu meinem Vater ins Pflegeheim.
Ich bin im Ausnahmezustand.
Der Baum, den ich geholt habe, würde bestimmt gut brennen, denke ich, zünde dann aber doch nur die Kerzen an.

2058

Heiligabend. Ich bin 87 Jahre alt. Selig sind die geistig Armen. Die Kinder schenken mir eine Katze. Mein Zimmer im Pflegeheim ist klein, aber warm.
Meinen Mann hat’s schon vor ein paar Jahren erwischt. Aber die Unterwäsche ist noch gut, ich hab sie für die Kinder eingepackt.
Die Multimediadrohne spielt: „Ey, Süßer, die Glocken, die kling’n.“ Ich bin entspannt wie nie.
Im Tannenbaum hängt mein Gebiss. Wer braucht schon Lametta.

FEIERTAGS
NOTDIENST

Der Wasserhahn tropft

Regine Kölpin

Montag, noch acht Tage bis Weihnachten
Der Wasserhahn tropft. Ich habe es dem Wärter schon vor ein paar Tagen gesagt, schließlich ist bald Weihnachten und ich möchte weiß Gott kein Tropfkonzert haben! Der Wärter hat nur genickt und ward nicht mehr gesehen. Danach kam die Turnfrau, oder wie sie es heute nennen, die Physiotherapeutin. Sie wollte mich bewegen. Bein vor und zurück. Ball kneten, Schulterzucken. Arme hoch und runter und all so etwas. Immerhin zur Musik von „Alle Jahre wieder", aber das reißt es auch nicht raus! Zu viel geht da bei mir nicht mehr. Es knackt bereits heftig im Gebälk. Und warum soll ich mich auf meine alten Tage noch anstrengen? Meine mir verbleibende Restzeit will ich lieber entspannt verbringen.
Anschließend kam eine andere Frau (den Namen habe ich vergessen, die kommt auch nur einmal die Woche und ist so etwas wie ein Zeittotschläger), die mich zu irgendwelchen Spielchen im Gruppenraum abholen wollte. Heute ging es der Weihnachtszeit entsprechend um Kerzenzählen und Tannenbaum-

schmuck. Ist zum Gähnen, aber lässt die Zeit vergehen, wenn man nichts Besseres zu tun hat. Ich habe allerdings Besseres zu tun. Ich lebe nämlich noch und möchte jede Sekunde mit dem genießen, wozu ich Lust habe, und das ist meist keine sinnlose Beschäftigungstherapie. Aber danach fragt ja keiner und es gibt wirklich Bewohner, die stehen auf so etwas. Also, ab in den Gemeinschaftsraum. Die eine Hälfte spielt *Mensch ärgere dich nicht* mit übergroßen Figuren (unsere Feinmotorik ist leider nicht mehr so super), die andere beschäftigt sich mit *Wie war das denn früher, als der Weihnachtsmann kam?* Im Norden erscheint ja der rotbemützte, in Bayern lassen sie bei diesem Spielchen bestimmt das Christkind einfließen. Ich komme in die *Wie war das denn früher?*-Gruppe. Da liegen Gegenstände auf dem Tisch herum: rote Kerzenstummel, Lametta, Baumkugeln …, lauter so'n Zeug. Wir sollen dazu unsere Geschichten erzählen. Alles, was uns einfällt und was man damit tut. Sinn der Sache ist, glaube ich, unser Langzeitgedächtnis, das nach wie vor spitze funktioniert, zu trainieren. Bei mir aber klappern die Gedanken auch in der Gegenwart noch ganz gut. Mich langweilen diese Reisen in die Vergangenheit. Ist doch immer dasselbe. Trudi schweift immer ab und erzählt dabei zum fünfhundertsten Mal, wie sie ihre Kuh mit zwanzig Jahren gemolken hat, und ich verstehe nicht, was das mit der Baumkugel in ihrer Hand zu tun hat, Gerti klärt immerhin darüber auf, wie wichtig es ist, dass das Lametta an beiden Seiten der Zweige dieselbe Länge hat. Ich würde lieber mal wieder so richtig auf die Piste gehen. Abtanzen, Rock'n'Roll und so. Aber damit komme man mal dem Wärter. Ist eigentlich nicht der richtige Ausdruck, sie nennen die Typen hier Pfleger, aber das klingt ja ähnlich schlimm. Hat beides was vom Zoo. Darüber denkt draußen kein Mensch nach. Keiner. Als ich zurückkomme, tropft mein Wasserhahn noch immer und macht mich zunehmend aggressiv. Gut, dass wir in unserer Jugend Geduld gelernt haben. Das kommt mir jetzt sehr entgegen. Ich wäre längst ausgetickt. Trotzdem will ich sofort einen Klempner, der das Tropfen abstellt, sonst werde ich wirklich wahnsinnig. Und das läge dann nicht an meinem fortgeschrittenen Alter.

Dienstag, noch sieben Tage bis Weihnachten

Der Wasserhahn tropft. Hab es dieses Mal der Schwester mit den dicken Beinen gesagt, die mir bei der Morgentoilette helfen wollte. Geht's noch? Ich

kann doch allein aufs Klo. „Ich will Ihnen beim Waschen behilflich sein“, korrigiert sie mich. Das ist noch schlimmer. „Waschen kann ich mich allein.“
Sie legt mir trotzdem Handtuch und Seife hin. Ich deute auf den Hahn. „Der tropft seit vorgestern. Ich möchte, dass das repariert wird. Es kann doch so schwer nicht sein, das in Ordnung zu bringen. Nächste Woche ist Heiligabend, dann muss das fertig sein.“
Ihr Pfefferminzatem streift mich. Diese Schwester riecht immer danach. Ich habe sie deswegen Pfefferminza genannt. Sie reagiert nicht auf meine Bitte. Pfefferminza ist ohnehin jenseits von Gut und Böse. Irgendwie kriegt sie keinen Kerl ab und ist ständig auf der Suche nach ihrem Traummann. „Der Hahn tropft“, wiederhole ich und komme mir blöd vor, weil niemand auf meine Ansagen reagiert. Es scheint so, als hätte ich gar keine gemacht. Jetzt endlich wandert Pfefferminzas Hand zum Hahn. Sie dreht und schraubt daran herum. Hätte sie sich schenken können. Habe ich nämlich auch schon versucht. Bin schließlich weder dement noch dämlich. „Da muss ein Handwerker kommen“, sagte ich. „Drehen nützt nichts.“
„Ich sag dem Hausmeister Bescheid. Wird aber schwer, so kurz vor dem Fest. Er ist mit so vielen anderen Aufgaben betraut.“

Ich rolle mit den Augen. Dann kann sie es auch lassen. An den Hausmeister glaube ich fast noch weniger als an den Weihnachtsmann. Der kommt wenigstens einmal im Jahr. Der Hausmeister dieser Einrichtung aber ist so etwas wie ein Phantom. Es soll ihn allerdings wirklich geben.

Mittwoch, noch sechs Tage bis Weihnachten

Der Wasserhahn tropft. Habe die ganze Nacht kein Auge zugetan. Den Wärter müsste man mal hier einsperren. Damit er merkt, wie nervig der Ton ist. Lässt sich aber nicht blicken. Genauso wenig wie dieser Hausmeister. Ich schiebe mich mit meinem Rollator nach der Morgenwäsche und dem durchaus wohlschmeckenden Frühstück zum Büro der Heimleitung. Es riecht überall nach Tanne und Gebäck, das Fest ist mit allen Sinnen auf dem Vormarsch. Frau Meyer-Dombrowski, groß, breithüftig und schmallippig, ist in einer Besprechung und tropfende Wasserhähne fallen nicht in ihr Ressort. Sagt ihre Tippsenmaus. Klein, breitlippig und schmalhüftig. Das Gegenteil von Frau Meyer-Dombrowski. Der Name ist mir entfallen. Auch so eine Bindestrichemanzenkombi. „Da müssen wir dem Hausmeister Bescheid geben", lächelt sie zumindest und lässt offen, wer mit „wir“ gemeint ist. „Wird aber schwierig das Ganze. So kurz vor dem Fest!“ Sie hackt schon wieder auf der Tastatur herum. Der Hausmeister also. Sie glaubt an ihn. Das ist bemerkenswert. Ich schlurfe zurück, gleich kommt meine Physiotherapeutin. Heute sind Fingerübungen am Start. Die lassen sich immer was Neues einfallen. Nur für meinen Wasserhahn haben sie keine Lösung.

„Ich möchte mal wieder schlafen, aber mein Wasserhahn tropft“, begrüße ich die Fingerfee. Sie versteht das zwar, helfen kann sie mir auch nicht. Krankengymnasten kennen vermutlich weder den Hausmeister noch einen Klempner, der im Pflegeheim gern Wasserhähne repariert. Wir lassen folglich unsere Fingerlein auf und niederregnen, singen dazu „Schneeflöckchen, Weißröckchen“ und „Kling Glöckchen“. Ich singe laut mit, weil ich so eine Zeit lang diesem tropfenden Hahn nicht lauschen muss.

Als wir fertig sind, wage ich einen weiteren Vorstoß.

„Mein Wasserhahn tropft, junge Frau.“

„Das höre ich. Da kommt sicher bald jemand. Notfalls nach dem Fest. Jetzt ist es schwierig. Einen schönen Tag noch.“

So langsam beginne ich, Weihnachten zu hassen.

Donnerstag, noch fünf Tage bis Weihnachten
Mein Wasserhahn tropft. Heute kommt ein neuer Wärter, den ich noch nicht kenne. „Bin Bufdi", stellt er sich vor. Will mich wohl schocken, der Kleine. Soll sicher denken, das sei sein Name. Ich weiß jedoch Bescheid. Die Bufdis ersetzen die Zivis, alles im grünen Bereich. „Mein Wasserhahn tropft", sage ich. Immerhin trollt sich der Bufdi ins Bad. „Stimmt", sagt er. „Ich will jetzt das Bett machen."
„Und der Wasserhahn?"
„Da muss ein Klempner kommen. Aber jetzt, so kurz vor Weihnachten? Ob das klappt?" Er runzelt die Stirn.
„Oder der Hausmeister macht das. Der ist dafür zuständig." Der Bufdi nickt sich selbst bestätigend zu.
„Mit dem Hausmeister ist das wie mit Bielefeld."
Der Bufdi sieht mich erstaunt an.
„Bielefeld gibt es auch nicht", erkläre ich.
Unschlüssig betrachtet der junge Mann das leichte Klatschen der Tropfen in die weiße Emailleschüssel.
„Ist eine heftige Wasserverschwendung", stellt er fest. „Unökologisch."
„Ist laut und nervig. Ich kann nicht schlafen", sage ich.
„Kann ich verstehen, ich sag dem Hausmeister Be-

scheid. Versprochen. Aber wie schon gesagt: Der hat vor Weihnachten viel zu tun. Soll ja schön für die Bewohner werden."

„Dann schreibe ich dem Weihnachtsmann kurzfristig einen Wunschzettel." Meinen Vergleich mit dem nicht existierenden Bielefeld und dem Weihnachtsmann hat der Bufdi nicht verstanden, denn er schweigt, hilft mir in die Stützstrümpfe und haut ab. Mit defekten Wasserhähnen ist die Jugend von heute überfordert.

Freitag, noch vier Tage bis Weihnachten

Der Wasserhahn tropft. Gleich nach dem Aufstehen kommt Pfefferminza singend in mein Zimmer. Sie küsst jetzt einen blonden Mann. Auch einen Hausmeister, aber sie sagt dazu Facility Manager. Was auch immer das sein soll. Aber vielleicht gibt es den genauso wenig wie unseren. Da hilft kein noch so gestelzter Name.

Ich deute auf den Wasserhahn. Sie nickt und zwitschert, dass sie den Antrag für den Hausmeister schon ausgefüllt hat. „Ich lege ihn gleich in sein Fach. Er kommt bestimmt gleich im neuen Jahr, zwischen den Tagen hat er frei." Unser Hausmeister bleibt also Hausmeister, ist kein Facilty Manager. Mir dauert

das alles zu lange. Hier muss sofort ein Klempner her. Einer, der mich von dieser Folter endlich befreit. Selbst ist die Frau, ich werde eigenmächtig einen Handwerker herbestellen. Er soll noch vor Weihnachten kommen oder ich werde zur Mörderin. Mich macht das alles schier wahnsinnig! Allerdings besitze ich kein Telefon, doch mein Zimmernachbar Hubert hat eines. Sogar mit Wählscheibe. Damit kann ich umgehen. Für mein Stück Kuchen am Nachmittag wird er mich telefonieren lassen. Hubert ist käuflich.
„Mein Wasserhahn tropft", sage ich schon beim Betreten des Zimmers.
Hubert deutet auf seinen Dauerkatheder und sagt, bei ihm müsse man auch immer gut achtgeben, damit nichts ausläuft.
„Darf ich dein Telefon benutzen?"
Jetzt erwacht Hubert aus seiner Lethargie. Er wittert die Chance, Abwechslung in den tristen Alltag zu bringen, und das geht bei ihm am besten mit Feilschen. „Was kriege ich dafür?", kommt es wie aus der Pistole geschossen. Dabei neigt er den Oberkörper blitzartig vor und leckt sich die Lippen. Klar, dass er an eine kulinarische Bestechung denkt. Mit solchen Aktionen hält sich Hubert bereits für eine kriminelle Instanz.

Ich streiche über meine Hüften, die schon schlankere Tage erlebt haben. „Morgen und übermorgen bekommst du meinen Kuchen. Und zu Weihnachten die Torte." Mir ist das Fest ohnehin verleidet. Mein Wasserhahn tropft, sagte ich ja schon. Hubert nickt, überlegt und handelt noch den ersten Feiertag aus, denn da gibt es Baumkuchen. Ich werde etwas tricksen müssen, weil ich den selbst so gerne esse. Aber das ist jetzt Nebensache. Nach Durchsicht der Gelben Seiten, die auf einem Beistelltisch herumliegen, rufe ich einen Betrieb aus dem Ort an. Die haben keinen langen Anfahrtsweg und sollten mein Problem schnell beheben können. „Guten Tag", säusele ich mit sanfter Stimme und will der Dame am anderen Ende der Leitung die Sachlage schildern, doch so weit komme ich gar nicht.

„Ich benötige zunächst Ihre Adresse." Fehlt nur noch, dass ich erst meine Bankdaten kundtun soll. Aber darauf kann sie lange warten. Ich weiß, dass man das am Telefon nicht tun darf.

„Pflegeheim Sonnenstift", seufze ich. „Zimmer 10, bei Frau Mühlena."

Ein Stift kritzelt übers Papier. „Wissen Sie, wir haben unendlich viel zu tun. Schließlich nahen die Feiertage. Wenn es kein Notfall ist, wird es dauern."

Das kenne ich, Frau Klempnerin, denke ich. Mit unserem Hausmeister dauert es auch so seine Zeit. Ich hoffe, Ihre Firma existiert wenigstens. Laut aber sage ich: „Mein Wasserhahn tropft."
Ein erleichtertes Lachen perlt durch den Hörer. Es hört sich genauso an, wie das Tropfen des Wasserhahns. Ob alle Klempnerfrauen so lachen? Quasi angeglichen an ihren Berufsstand? Ich komme nicht weiter dazu, darüber nachzudenken. „Dann hat das ja Zeit bis zum neuen Jahr!"
„Zeit?" Ich halte den Hörer ein Stück weg, schüttele ungläubig den Kopf. „Nein", entgegne ich schließlich. „Das hat es nicht. Der Hahn tropft seit Tagen, ich kann nicht schlafen."
„Gibt es denn keinen Hausmeister für solche Kleinigkeiten?"
Ich schweige. Doch, aber der Mann ist nur ein Phantom.
„Wie ich das einschätze, sind Sie gar nicht befugt, einen Handwerker zu bestellen. Das kann nur die Heimleitung. Auf Wiedersehen." Mir springt nur noch ein Tuten entgegen.

Samstag, noch drei Tage bis Weihnachten

Der Wasserhahn tropft. „Und der Hausmeister hat

heute frei“, sagt Pfefferminza. „Aber der Antrag liegt bei ihm im Fach.“
Fragt sich nur, wann er es leert. Angeblich hat er gestern die Glühbirne in der beleuchteten Tanne auf dem Hof getauscht. Gesehen hat ihn keiner, nur das Gerücht geht um. Immerhin. Das macht etwas Hoffnung.

Sonntag, noch zwei Tage bis Weihnachten
Der Wasserhahn tropft.

Montag, noch ein Tag bis Weihnachten
Der Wasserhahn tropft. Der Hausmeister war noch nicht da, Frau Meyer-Dombrowski hat selbst ein Klempner-Problem in ihrem Büro, was natürlich mit höchster Priorität beseitigt wird. Selbstverständlich fange ich den Handwerker ab; immerhin handelt es sich um dieselbe Firma, die ich telefonisch kontaktiert habe, und wenn der sogar am Morgen vor dem heiligen Fest hier antrabt … Doch der Mann flüchtet vor mir und braust mit seiner Klempner-Kutsche von dannen. Er hat mich angesehen, als sei ich eine Hexe auf einem Besen. Wenn die hier weiter so machen, könnte ich auch glatt zu einer werden.
Als Pfefferminza am Abend in mein Zimmer schaut,

frage ich sie nach dem Hausmeister. Heute hat er hoffentlich nicht schon wieder frei. „Der Antrag liegt vor, Frau Mühlena. Aber morgen ist Weihnachten, er hat viel zu tun. Jetzt nagelt er gerade ein Brett an dem Zaun fürs Krippenspiel fest. Das dauert. Sie sollen es ja schön haben, nicht wahr?"

Klar, bei einer solch immens wichtigen handwerklichen Aufgabe kann er sich selbstredend derzeit nicht um tropfende Wasserhähne in den Zimmern der Bewohner kümmern. Das leuchtet mir ein. So ein Wasserhahn ist nur eine Kleinigkeit, die gut zu verschieben ist. Aber – ich werde langsam wahnsinnig!

„Können Sie denn keinen Klempner anrufen? Jemand muss mir doch helfen, wenn der Hausmeister keine Zeit hat."

Pfefferminza rückt den Blumentopf auf der Fensterbank zurecht. „Wegen so einer Lappalie braucht kein Gas- und Wasserinstallateur bestellt zu werden. Das wird zu teuer. Und so kurz vorm Fest …"

Mein letzter Versuch. „Ich will ja keine Gas- und Wasserinstallation. Mein Wasserhahn tropft. Da fehlt sicher nur eine Dichtung."

Pfefferminza nickt. „Mein neuer Freund macht so etwas."

„Kann der nicht kurz vorbeikommen? Bitte!"

Pfefferminza winkt ab. „Das darf er doch nicht. Wir haben schließlich unseren eigenen Facility Manager." Nun ist der Mann doch aufgestiegen. Kann sie nicht einfach Hausmeister sagen? Ein Phantom bleibt er trotzdem, egal, wie sie ihn nennt.
„Ist er morgen damit fertig, das Brett fürs Krippenspiel anzunageln?", hake ich nach. Ich muss herausfinden, an welcher Stelle sie mein Problem lokalisiert haben, wie das Ranking derzeit ist.
Pfefferminza zuckt mit den Schultern. „Weiß nicht. Er soll auch noch Stroh für den Stall holen, damit alles lebensecht aussieht." Klare Ansage: Der Typ wird nicht kommen.

Dienstag, Heiligabend
Der Wasserhahn tropft. Kein Hausmeister, kein Klempner in Sicht. Ich muss einen sinnvollen Plan erstellen, Regeln einhalten hin oder her. So geht das nicht. In Gedanken gehe ich alle Zimmernachbarn durch. Wer könnte mir helfen, weil er in seiner Vergangenheit so etwas schon getan hat? Es kann doch nicht so schwer sein, eine Dichtung zu wechseln oder einen Hahn zu tauschen. Da fällt mir Rudi ein. Er sagt immer, er habe früher „Gas, Wasser, Scheiße" gemacht. Seine liebevolle Umschreibung für: „Ich

war Klempner." Klingt auf jeden Fall nicht so abgehoben wie: Gas- und Wasserinstallateur oder Facility Manager. Bei „Gas, Wasser, Scheiße" verstehen jedenfalls alle, was gemeint ist. Und Rudi ist es egal, ob wir heute Abend ein Krippenspiel mit Stroh im Stall ansehen können. Rudi hat Zeit. Immer. Er schaut in seinem Zimmer Sportschau. Ich erkläre ihm mit wenigen Worten mein Problem und er nickt. „Machen wir noch vor dem Krippenspiel. Ich bau dir einen neuen an."

Nach dem Kaffee zwinkert Rudi mir verschwörerisch zu. „Ich hab eine Idee. Frau Siems ist gestern verstorben, da ist ein Wasserhahn frei. Wir tauschen."

Ich nicke. Meiner tropft, der von der toten Frau Siems nicht, und wenn eine oder ein neuer Bewohner einzieht, kann der sich ja mit dem Facility Manager oder dem Gas- und Wasserinstallateur auseinandersetzen.

„Hast du denn Werkzeug?", frage ich.

Triumphierend zerrt Rudi eine große Zange unter seinem Bademantel hervor. „Der wahre Klempner hat stets alles dabei."

Die Tür zum Zimmer ist offen, sie haben schon alles ausgeräumt. Ein Kommen und Gehen, wobei das

Gehen hier immer endgültig ist. Wir huschen ins Bad. Mir kommt es etwas eigenartig vor, wie Rudi die Sache angeht, doch ich schweige besser. Plötzlich beginnt es zu zischen und eine Wasserfontäne schießt aus dem Loch, wo zuvor der Wasserhahn zu finden war. „Geschafft“, freut sich Rudi, ungeachtet des klitschnassen Bodens.
Gerade als wir das Zimmer verlassen wollen, stürzt ein Mann mit grauem Kittel rein. „Was tut ihr denn da? Wir müssen sofort das Wasser abdrehen“, ruft er, aber bevor der Graubekittelte zur Tat schreiten kann, rutscht er auf der Badezimmermatte aus und schlägt mit dem Kopf gegen den Wannenrand. Das herauslaufende Blut verdünnt sich mit dem ausgetretenen Wasser. Rudi hält grinsend sein Bein in die Höhe. „Musste es tun, er hätte uns verraten.“
„Wer ist das denn?“, frage ich.
„Der Hausmeister.“
Es hat ihn also doch gegeben. Ich bin überrascht.

Mittwoch, ein Tag nach Heiligabend

Mein Wasserhahn tropft nicht mehr. Rudi hat ihn ausgewechselt. Nachdem der Hausmeister das mit dem Wasserausstellen gesagt hat, ist es meinem Freund auch wieder eingefallen, sodass mein Zimmer keinen Wasserschaden hat und ich das Fest im Trocknen verbringen kann. Ohne Weihnachtstropfmusik. Herrlich! Den Graubekittelten haben sie noch vor dem Krippenspiel gefunden, aber das Brett war ja angenagelt und das Stroh eingestreut. Sie haben das Spiel trotzdem aufgeführt, um keine Unruhe aufkommen zu lassen. Wir sollen es ja schön haben an Weihnachten. Pfefferminza ist allerdings noch immer völlig aufgelöst. „Haben Sie schon gehört, Frau Mühlena! Unser Facility Manager ist verstorben. Ein so tragischer Unfall. Er ist ausgerutscht, als er einen Wasserschaden bemerkt hat!“ Sie fasst sich an die Stirn. „Und es ist meine Schuld. Ich habe undeutlich geschrieben. Ihr Zimmer ist die 10, er aber war in der 19, dachte, dort sollte er das Tropfen abstellen. Ich habe ihn so gebeten, das sofort zu tun. Weil es Sie dermaßen belastet hat.“

Das hat wirklich Tragik. Na ja, mein Wasserhahn tropft nicht mehr!

Meine zwei Adventkalender

Walter Müller

Ich habe heuer, diesen Luxus leiste ich mir, zwei Adventkalender. Der eine ist genauso, wie Adventkalender halt sind – mit einem schönen weihnachtlichen Motiv vornedrauf: einem hell erleuchteten Häuschen am Waldesrand mit viel Schnee und einem Schlitten voller Päckchen davor … und mit zwei Dutzend, von eins bis vierundzwanzig nummerierten Fensterchen. Wenn man dann – am jeweiligen Tag natürlich – ein Fenster öffnet, findet man einen Schneekristall, eine Wunderkerze oder einen himmlischen Stern. Wie in einem richtigen Adventkalender. Es ist ja auch ein richtiger Adventkalender. Ich hab ihn an meine Wohnungstüre geklebt, innen, eine Handbreit über dem Türgriff. Und jedes Mal, bevor ich am Morgen meine Wohnung verlasse, öffne ich ein Fenster.

Mein zweiter Adventkalender sieht in Wirklichkeit auch wie ein richtiger Adventkalender aus. Genau genommen schaut er dem ersten zum Verwechseln ähnlich. Das gleiche weihnachtliche Bild vornedrauf, mit dem Häuschen, dem Schlitten und dem Schnee. Gleich groß, gleich bunt. Gleich teuer war er auch; aber das nur am Rande.

Beim zweiten Adventkalender – macht mir das bloß nicht nach! – hab ich noch vor dem ersten Dezembertag die Rückwand mit den kleinen Bildern hinter den Fensterchen entfernt. Und wenn ich jetzt so ein Adventkalenderfenster öffne, finde ich – nichts! Keinen Schneekristall, keine Wunderkerze und keinen himmlischen Stern. Ich kann durch das Fenster durchschauen, wie durch ein richtiges Fenster. Diesen zweiten Adventkalender hab ich an mein Schlafzimmerfenster geklebt. Jeden Tag, gleich nach dem Aufwachen, öffne ich einen der vierundzwanzig winzig kleinen Fensterläden und schaue hinaus auf die Straße vor meiner Wohnung.

Einmal sah ich, wie gerade der Müllwagen vor unserem Haus stehen blieb und Berge von Müll in sich hineinschluckte. Ich sah auch schon Kinder mit schweren Schultaschen und sehr blassen Gesichtern Richtung Schule laufen. Ehepaare miteinander streiten. Autofahrer, die einander beschimpften, bloß weil der eine in dieselbe Parklücke einbiegen wollte

wie der andere. Einen Rettungswagen, der einen Kranken abholte. Viele müde Menschen hab ich schon gesehen, durch meine Adventkalenderfensterchen, ein paar zufriedene, ein paar traurige, Menschen wie … dich und mich.
Kurz und gut: Durch die Fensterchen in meinem Adventkalender, der am Schlafzimmerfenster klebt, sehe ich ein kleines Stück von der ganz gewöhnlichen Welt da draußen. Manchmal macht mich das fröhlich, manchmal, ziemlich oft sogar, nachdenklich, je nachdem.
Heute früh hab ich durch das Adventkalenderfenster einen Mann gesehen … hat ganz schön geschwankt; ich fürchte, der hat wohl viel zu viel getrunken, letzte Nacht. Vielleicht ist er einsam gewesen, verzagt, verzweifelt – Freundin verloren, den Job, die Wohnung, den Sinn des Lebens aus den Augen verloren … was weiß ich!
In meinem Tür-Adventkalender, dem ganz normalen, wie ihr ihn wohl auch zu Hause habt, war ein Engel abgebildet, einer mit weißen Locken und goldenen Flügeln. Herrlich, lieblich, wunderschön. Ein Vorbote vom großen Weihnachtsfest.
Seit ich zwei Adventkalender habe, diesen Luxus leiste ich mir, kann ich beides sehen: den Alltag vor

meinem Fenster, aber auch die Tannenzweige, die Lichter, die Engel und – in ein paar Tagen schon – das Kind in der Krippe.
Ich gehe jetzt öfter lächelnd aus dem Haus, den Stern und den Wunderkerzenschein vom Tür-Adventkalender in meinem Herzen. Vielleicht begegnet mir ja gerade heute, draußen auf der Straße, einer, den ich durch das andere Adventfensterchen schon gesehen habe …

24 Dates

Carmen Eder

„24 Dates? Ich glaub, du spinnst. Wie soll ich denn das organisiert bekommen?"
Sam sieht mich an, als ob ich ein Ufo in unser Wohnzimmer gestellt hätte. Ich atme tief ein und kratze alle verbliebenen Mutkrümel zusammen. „Ja, also die Idee, die ich hatte, wäre ja auch, dass, äh, also, dass eventuell gar nicht alle 24 Adventskalender-Dates mit DIR stattfinden müssten … also könnten – äh, also ich meine, dass ich mir wünschen würde … also ich WÜNSCHE mir … auch Dates mit anderen Menschen zu haben."
Puh. Jetzt ist es raus. Sams verschränkte Arme beginnen zu zucken. Oje. „In diesem Adventskalenderzeitraum, meine ich", füge ich schnell noch hinzu. Komm schon, sag was, Sam. Iiirgendwas.
Sam öffnet den Mund, um ein weites, ein breites, ein laaanges „Aha" zu formen. „Aaaaaha", wiederholt sie. Dann steht sie auf, dreht ihren Stuhl um und stützt sich mit beiden Ellenbogen auf der Lehne ab. Weitere gefühlte Stunden vergehen, in denen sie

mich – einfach – nur – anstarrt. *Aha, haha vergiss es? Aha – hast du sie noch alle?* Oder *Aha – cool, dass du dein Bedürfnis ehrlich kommunizierst – gib mir ein paar Minuten zum Verarbeiten?* Hm.

Ich beschließe, erst einmal zu schweigen, um Sam Zeit zum Denken zu geben. Auch wenn wir in den letzten Jahren immer wieder über eine potenzielle Öffnung unserer Beziehung gesprochen haben, so fand dies meist im Rahmen von betrunkenen „Was wäre wenn"-Mitternachtsgesprächen statt – und selbst dann war Sam nie besonders begeistert von der Idee. Aber ich lerne ja gerade in der Therapie, meine Wünsche und Bedürfnisse klarer zu kommunizieren, um fairer und ehrlicher sein zu können. Wobei ich mich übungstechnisch ehrlicherweise eigentlich auf die Kommunikation meines Wunschs konzentrieren sollte, einen Adventkalender von Sam geschenkt zu bekommen. Dies wäre eine „ideale Einstiegsübung" gewesen, so Frau Bär. Na ja. Bisher habe ich mich jedes Jahr am 2. Dezember einfach in eine Shopping-Mall begeben, um dort einen Schoko-Adventskalender im Sonderangebot zu ergattern und diesen aus Frustration noch vor Ort aufzuessen. Ging auch. Aber klar – für mehr Harmonie in unserer Beziehung hat das nicht gerade gesorgt. Jedes Jahr bin ich so nämlich genervt, vollgefressen und frustriert in den Advent gestartet und habe dann Sam innerlich dafür verantwortlich gemacht. Ja, ich weiß. Ganz schön unreif. Und bescheuert. Und ganz und gar mein Bier. Aber auch mir das einzugestehen hat nichts gebracht. Meine Therapeutin meinte letztens zu mir: „Manche Bedürfnisse sind irrational. Und unreif. Und trotzdem sind sie da." Ja, und hier sind wir jetzt. Danke, Frau Bär.

„Und wie hast du dir das vorgestellt?"

Sam reißt mich aus meinen Gedanken. Hat sie gerade …? Warte mal. Vielleicht habe ich Sams Reaktion doch falsch eingeschätzt. „Na ja, es gibt da so eine Plattform und …"

„Oje." Sam verdreht die Augen. Ich versuche es noch einmal: „Also es gibt da so eine Website, auf der man nicht nach bestimmten Menschen, sondern nach Aktivitäten für ein potenzielles Date sucht – da kann man also auch selbst eingeben, was man gerne machen möchte – zum Beispiel eine Kneipentour am 1. Dezember, rodeln gehen am 2. Dezember oder Plätzchen backen, oder keine Ahnung – einen Weihnachtsbaum bauen …" Sam schmunzelt. Na, immerhin unterhalte ich sie mit meinen Ideen. „Na ja, und dann können Menschen sich dafür anmelden, man kann entscheiden, ob und mit welcher Person man auf dieses Date gehen möchte und dann, na ja – it's a date!" Ich atme tief durch und versuche, das aufgesetzte Grinsen aus meinem Gesicht zu bekommen. Sam trommelt mit ihren Fingern auf dem Tisch. „Okay? Interessant …" Ich kann Sams Gedankenkreise förmlich sehen. „… aber wenn, dann will ich das auch." Ich schlucke. Okay. Das erwischt mich jetzt irgendwie kalt. Klar – ich meine – fair enough – gleiches Recht für beide, das ist Grundstein unserer Beziehung – aber bisher wusste ich einfach nichts von diesem IHREM Bedürfnis. Vielleicht habe ich ihr nicht richtig zugehört. Oder IHR Bedürfnis einfach ausgeblendet? Wie auch immer. Sie wirkt … relativ … angetan von meiner Idee … Mein Herz macht kleine, vorsichtige Luftsprünge.

„Okay. Also dann haben wir einen Deal? Du überlegst dir 24 Dates für mich – und ich mir für dich? Und dann wählen wir potenzielle Datingpartner*innen füreinander aus, oder?" Sam nickt. „Na, wenn ich das mal nicht bereue." Aber ist das denn jetzt wirklich okay für sie? Ich will gerade noch einmal zurückrudern, da meint Sam: „Ich würde dir sagen, wenn ich das nicht wollen würde. Ich habe schon Respekt davor, ja. Aber auf der anderen Seite hab ich auch irgendwie Bock drauf." Sam schmunzelt auf diese ganz bestimmte Art und Weise – und mein Herz geht ins Jumphouse für Erwachsene. „Aber, wenn ich zu irgendeinem Zeitpunkt nicht mehr möchte, dann muss das okay sein, ja?" Ich nicke. „Klar." Sam grinst. „Na, immerhin muss ich jetzt keinen Adventskalender mehr für dich basteln."

Wir haben den 25. Dezember und das hier soll eine Art Rückblick werden. Also alles auf Anfang. Ich will nicht lügen, anfangs war es schon ein wenig seltsam, sich Dates für die eigene Freundin mit anderen Menschen auszudenken. Vor allem aber war es aufregend und ich habe gelernt, was „Compersion" bedeutet, während Sam „absurde Datingideen" und „Dates, auf denen nie geknutscht wird" gegoogelt hat, wie sie heute gerne erzählt. Immerhin hat sie sich trotzdem immer für coole Dating-Partner*innen für mich entschieden. Dank sei dieser Netflix-Serie über gefährliche erste Dates. Am allerersten Abend habe ich Sam also auf ein Boulder-Date mit Lola geschickt, während Sam eine Zimt-Fußmassage (ja, kein Spaß) mit Thorsten für mich geplant hatte. Bei Sam und Lola kam es tatsächlich zu einem „überraschenden" und „mittelmäßig intensiven Kuss", wie Sam am nächsten

Morgen mit leuchtenden Wangen berichtete. (Heute sagt sie übrigens, dieser Kuss wäre gar nicht „mittelmäßig intensiv", sondern „so richtig intensiv" gewesen, aber das ist eine andere Geschichte.)
Am 2. Abend holte mich Alea mit ihrem Motorrad ab und es ging ins Stummfilmkino. Auf diese Idee ist Sam ganz schön stolz gewesen. Für einen Kuss war es im Kino zu still – welche Überraschung –, aber später, kurz bevor ich den Motorradhelm wieder aufsetzte, war es so weit. Der erste „fremde" Kuss seit – Jahren. Und ja – es war aufregend. Und ja – ich weiß jetzt, dass ich nicht darauf stehe, wenn mir jemand so fest in die Unterlippe beißt, dass sie danach anschwillt. Sam hatte trotzdem nicht damit gerechnet, lernte selbst allerdings Jessica kennen und schrieb mir, als ich längst im Bett war, folgende Nachricht, die ich ihr bis heute gerne vorlese: „Eyyyyyyy ich bin betrunken und ich liiiiebe dich sooo und dieser Kalenderrrr war die beste Idee everrrr! PS: Darf man eigentlich mehr machen als knutschen?" Ich muss ehrlich sein. Diese Nachricht hat extrem zwiegespaltene Gefühle in mir ausgelöst. Klar war es okay. Und irgendwie auch nicht.
Aber am 3. Dezember hatten wir dann (nur gut, dass es ein Sonntag war), tatsächlich eine ganz schön lan-

ge Zwischenstands-Besprechung. Bedingungen wurden neu verhandelt und ich musste zugeben, dass ich – ganz schön egozentriert und unaufmerksam, wie ich offenbar war – mit einer ganz anderen Dynamik gerechnet hatte.
Anyway. Bei Sam ging es bis zum 9. Dezember nonstop so aufregend weiter, während ich eine längere Flaute einstecken musste. Tja. Auch damit hatte ich ehrlich gesagt nicht gerechnet. Und auch das zuzugeben ist mir im Nachhinein ganz schön unangenehm, muss ich sagen. Am 9. Dezember dann aber, ich hatte mich bereits auf ein weiteres Solo-Date eingestellt, meldete sich ein paar Stunden vor Datebeginn eine „Amarena" bei Sam, wie diese mir berichtete – und ich würde lügen, wenn ich sagen würde, ich hätte nicht direkt gewusst, dass das Sam selbst war. Und so peinlich angekratzt mein Ego auch irgendwie war – so hat mich diese Aktion ganz schön berührt. Es war dann auch einer der schönsten Abende überhaupt mit Sam – pardon: Amarena. Es war aufregend und emotional und irgendwie … neu …; in diesem Abend steckte einfach alles.
Auch Sam hatte irgendwann ein paar Tage Adventskalender-Dating-Loch, während ich Pascal, Leo und Frida kennen und küssen lernen durfte, aber, ganz

ehrlich: Es war eindeutig, wer von uns beiden das besser weggesteckt hat. Sie. Wie wir feststellen konnten, scheint „Compersion" ihr zweiter Vorname zu sein. Und meiner nicht so. Vielleicht noch nicht. Eine sehr spannende und lehrreiche Erfahrung für uns beide.

Heute ist der 25. Dezember und wir liegen komplett durch, aber glücklich, ineinander und in mehrere Decken gekuschelt auf dem Teppichboden neben unserem Weihnachtsbaum. Ich habe echt vergessen, wie anstrengend Dating sein kann. Für den Rest der Weihnachtsferien wollen wir – auch deshalb – erst einmal nur uns, Serien und das Sofa sehen. Und danach? Wir überlegen, das mit der offenen Beziehung tatsächlich einmal auszuprobieren. Und dann neu zu evaluieren, was wir möchten und wie wir uns damit fühlen. Interessanterweise ist Sam mittlerweile noch viel mehr davon überzeugt, dass wir in ein paar Jahren in einer offenen Beziehung leben werden, als ich. Ich bin gespannt. Und habe die Hosen voll.

Aber erst einmal gibt es nur Sam und mich. Zumindest für ein paar Tage. Und im nächsten Jahr wünsche ich mir einen Tee-Adventskalender.

Der gefallene Engel

Verena Klefing

Ich war der Neue in der Firma,
zudem verfolgt von schlechtem Karma.
Die Weihnachtsfeier stand grad an,
und das erfreute jedermann.

Nur mir, mir schwante schon nichts Gutes,
und überhaupt nicht frohen Mutes
ließ ich mich auf die Party ein,
da suchte mich das Schicksal heim.

Der Abend fing schon holprig an,
denn leider war ich zu spät dran,
war kaum in mein Kostüm gekommen –
wie viel hatt' ich bloß zugenommen?

Und als ich dann den Raum betrat,
da traf mich schon der erste Schlag:
Wohin mein Blick auch immer fiel,
kein einz'ger Engel im Gewühl!

Ich sah auch keinen Weihnachtsmann,
kostümlos waren alle Mann.
Die Mottoparty sollt' wohl sein
am nächsten Tag im Sportverein.

Das stimmte mich nun gar nicht froh,
ganz hilflos suchte ich das Klo
und blieb dann unter Weihnachtsklängen
alsbald fest in der Klotür hängen.

Die Engelsflügel auf dem Rücken
versuchte ich dann wegzudrücken,
und plötzlich fehlte nicht mehr viel,
bis „Gabriel" zu Boden fiel.

Der Erzengel, der war gefallen,
selbst draußen hörte man's noch knallen;
der Boden war zudem verschmutzt
und dreckig nun mein Engelsputz.

Ganz kleinlaut kam ich dann zurück
und warf beschämt nur einen Blick
hinein ins bunte Partytreiben;
doch dabei sollte es nicht bleiben.

Denn ich erblickte eine Frau
und dachte plötzlich nur noch: „Wow!“
So pirschte ich mich an sie ran,
nur leider hatte sie ’nen Mann.

Mein Chef, der war nicht amüsiert,
doch ich, ich war nur irritiert,
war ratlos, was man machen kann,
und stimmte schnell ein Liedchen an.

Doch leider kann ich gar nicht singen,
es musste wirklich furchtbar klingen.
Und auch kein Tanz wollt’ mir gelingen,
mein „Move“ sah aus wie irres Springen.

Im Boden wär ich gern versunken,
deshalb hab ich zu viel getrunken,
bis „Gabriel“ dann wieder fiel
in das Buffet – ganz ohne Stil.

Die Fliesen waren schuld, die glatten,
so lag ich in den kalten Platten
und riss – beschwingt von meinem Schwips –
zur Ablenkung noch einen Witz.

Die Leute schrien: „Applaus, Applaus!“
Doch ich, ich wollte nur noch raus.
„Last Christmas“ lief und ich hinaus
ins kalte, dunkle Treppenhaus.
Und da war mir dann eines klar:
Ich komm nicht wieder nächstes Jahr!

Xmas Xtreme

Jenni Zylka

Damals war ich jung, hatte lange Haare und kein Geld, was nicht kausal zusammenhing, doch es muss sich eine Portion Naivität dazugesellt haben. Im Nachhinein frage ich mich nämlich, ob ich den Braten nicht doch bereits hätte riechen müssen, als ich drei Tage vor Weihnachten im Stadtmagazin auf die Anzeige: „Suche blonde Weihnachtsengel für besinnliche Hausbesuche, Verdienstmöglichkeit 500,- DM pro Tag, Arbeitszeiten 24.–26.12.“ stieß. Sie stand unter der Kategorie Kontakte.
Aber ein paar Jahre zuvor, als Erstsemester-Medizinstudentin, war ich schließlich schon einmal als Engel unterwegs gewesen. Hatte gemeinsam mit einem Drittsemester-Weihnachtsmann auf einer mit den Eltern ausklamüserten Bescherungsroute kleinen Kindern Geschenke überreicht, Gedichte angehört, und angebotene Schnäpse dankend angenommen. Ein lustiger Abend war das. Der Weihnachtsmann und ich endeten nach getaner Arbeit in einer Hardrockkneipe, selbstredend noch in vollem Ornat. Der

überforderte Kommilitone schlief später an der Theke ein und wurde an seinem Bart festgetackert. Was kein Drama war. Er musste ihn nach dem Aufwachen ja einfach nur abnehmen und war wieder frei. Verkatert, aber unverletzt.

Mein Verhältnis zu Engeljobs war demzufolge durchaus positiv. So zog ich also das Engelkostüm, ein etwas ausgeblichenes Oma-Nachthemd mit angelaufener Häkelborte, aus der Verkleidungskiste und rief die Nummer aus der Anzeige an. Eine Männerstimme meldete sich, sie klang sympathisch. Charlie. Den Witz verstand ich gleich. Ob ich denn schon einschlägige Erfahrungen als Weihnachtsengel gesammelt habe, fragte Charlie. Ja, sagte ich, und das hat Spaß gemacht! Verstehe, verstehe, sagte Charlie. Bist also vom Fach. Und wie ich denn aussähe? Ich habe lange blonde Haare, sagte ich, bin 1 Meter 70 und wiege 60 Kilo. Schön, schön, sagte Charlie. Und ob mir denn auch klar wäre, welche Aufgaben ein Engel habe? Ja, sagte ich, klar: Ich sorge für die Bescherung! Aber muss ich das denn allein machen? Charlie lachte. Meistens schon. In Ausnahmefällen könnte auch mal Knecht Ruprecht dazukommen, oder ich schicke dir einen zweiten Engel, sagte er. Da würde er mir aber Bescheid ge-

ben. Soll ich denn die Leute vorher nicht kennenlernen, wollte ich wissen, wegen Absprachen und so? Ich weiß ja nicht, was die sich wünschen …
Ach, was sollen die sich schon wünschen, Charlie wiegelte ab. Du gehst da einfach hin, alles andere findet sich. Das Geld kriegst du vor Ort, kurz bevor du loslegst, in einem Briefumschlag. Das ist mit denen geklärt. Du besuchst drei bis fünf Adressen pro Abend, bleibst bei jeder etwa eine halbe Stunde, bekommst jedes Mal 100 DM. Garantiert. Dafür sorge ich. Ich bin quasi der Schutzengel der Engel.
100 DM schien mir sehr viel Geld für das bisschen Geschenkeverteilen. Bei dem Studentenjob hatte es nur 75 DM für den ganzen Nachmittag gegeben. Aber ich tat professionell. Geht klar, sagte ich. Ich freue mich schon. Die schönste Belohnung sind ohnehin die dankbaren Gesichter. Charlie lachte wieder, und ich fand ihn langsam richtig nett. Gut, wenn einem die Arbeit Spaß macht, sagte er. Nur noch eine Frage: Was ich denn beim Job tragen würde. Ich hab so ein Nachthemd, sagte ich unsicher, mit Spitze … Ah, ein Neglige. Charlie war zufrieden. Das ist wunderbar. Und du kannst dir auch gern noch kleine Flügelchen umbinden, wenn du Lust hast.

Als ich den Hörer auflegte, konnte ich mein Glück kaum fassen: So viel Geld in drei Tagen! Und strahlende Kinderaugen gratis dazu! Voller Vorfreude überlegte ich, was ich mit den Moneten anstellen würde: In der Delikatessenabteilung exotische Salate mit Kobe-Rinderfilet, Jadegras und Alba-Trüffel essen. Einen Fensterputzer beauftragen. Meine Freunde auf ein Wochenende nach Paris einladen. Mich in ein Seiden-Etuikleid einnähen lassen. Ein Flugzeug kaufen… Die in Aussicht stehenden 1.500 DM waren für mich eine unvorstellbar hohe Summe.
Der Heilige Abend kam, und Charlie schickte mir einen Brief mit den Adressen der Kunden, die einen blonden Engel gebucht hatten. Um 17 Uhr sollte ich den ersten aufsuchen, „M. Rohde“ stand auf dem Zettel, er wohnte in Schöneberg. Ich klingelte an einem Mietshauseingang, ging Treppen hinauf, es roch nach Braten und Knickebein. Im zweiten Stock war eine Tür nur angelehnt. Vorsichtig betrat ich den Wohnungsflur. Wahrscheinlich sitzen sie mit der ganzen Familie andächtig vor dem Baum, dachte ich und versuchte, ganz leise zu sein, um den Kindern nicht die Überraschung zu verderben. Aus einem Zimmer drang Kerzenschein, in seinem flackernden Licht erkannte ich auf einem Garderoben-

schrank einen offenen Briefumschlag, aus dem ein Schein ragte, den ich schnell einsteckte. Das klappt ja schon mal, dachte ich, den Kobe-Rinderfiletsalat vor Augen. Doch einen Sack mit Geschenken konnte ich nirgends entdecken.

Plötzlich rief eine Männerstimme halblaut: Komm nur rein! Hier spielt die Bescherung! Äh … ich habe den Sack noch nicht gefunden, sagte ich und hörte den Mann belustigt auflachen. Den hab ich hier, sagte er. Die Rute auch …

Wenn jemandem je Schuppen von den Augen gefallen sind, dann rieselte sich bei mir gerade ein Berg zurecht. Mein Körper begann auf einmal zu dampfen wie ein Geysir. Ich konnte keinen Muskel bewegen, stand schwitzend im Flur, das Omanachthemd klebte am Rücken und der goldene Heiligenschein, den ich mir auf den Kopf gesteckt hatte, begann langsam, über die Stirn ins Gesicht zu rutschen.

Du Dumpfbacke, dachte ich. Du naive Sumpfkuh. Du dämlichste aller dämlichen Blondinen. Du weltfremde Provinzmaus. Besinnlicher Hausbesuch für 100 DM? Junger blonder Engel in Neglige? Kohle gibt's vor der „Bescherung“? Du strohdummes Riesenross.

Im gleichen Augenblick wurde die Türe geöffnet, und ich schaute in einen Raum hinein. Ein ganz nor-

males Wohnzimmer, Sofa, Tisch, Bücherregal, Fernseher, Filmposter, Weihnachtsbaum mit echten Kerzen und roten Kugeln. Darunter: Ein großer, gefüllter Jutesack, an dem tatsächlich eine Weidenrute lehnte. Daneben, mit glänzenden Augen und roten Bäckchen: ein kleiner Junge in Star Wars-T-Shirt. Dahinter: ein lächelnder Mann. Hallo, sagte er. Das ist mein Sohn Rasmus. Wir haben schon sehnsüchtig auf dich gewartet.
Rasmus schielte neugierig auf den Jutesack.
„M. Rohde", der Matthias hieß, goss mir später, als Rasmus selig in seinem neuen Legohaufen wühlte, einen Schnaps ein und erzählte, dass er das erste Mal mit seinem Sohn allein feierte. Er habe sich vor ein paar Monaten von seiner Frau getrennt. Am zweiten Weihnachtsfeiertag würde Rasmus wieder zu Mama fahren, um dort mit ihr, ihrem Neuen, den Ex-Schwiegereltern, teuren Geschenken, gutem Wein, selbstgemachtem Soufflee und mehreren Niedrigtemperatur-Braten ein richtig großes Fest zu erleben. Und beim Ärgern darüber, dass Weihnachten mit Papa so stark gegen das andere Setting abfällt, sei ihm vor ein paar Tagen die Idee gekommen: Er habe einen Kollegen am Telefon von einem „Engelservice" reden hören, der ihm „das beste Weihnachtsfest aller

Zeiten" beschert habe, und sich kurzerhand die Nummer geben lassen.
Der Kollege hat recht gehabt, sagte Matthias dann. Du bist ein toller Weihnachtsengel! Und das Kostüm ist wirklich überzeugend! Er kicherte. Über der Anzeige stand komischerweise „Xmas Xtreme", ich wusste gar nicht, was das heißt. Dafür reicht mein Englisch nicht.
Matthias streichelte seinem Sohn über den Kopf.
Ich dachte sogar kurz, sagte er etwas verschämt, es sei vielleicht irgendetwas Unanständiges, 100 DM sind ja kein Pappenstiel. Aber zum Glück ist ja alles gut!
Ich lächelte zurück. Jaha, sagte ich, neihein, keine Sorge, Xmas Xtreme heißt einfach „Besondere Weihnachten". Und unsere schönste Belohnung sind sowieso die leuchtenden Kinderaugen.
Zehn Minuten später war ich draußen auf der Straße, einen glücklich winkenden Rasmus am Fenster hinter mir lassend. Mit seinem netten Vater hatte ich sogar Telefonnummern ausgetauscht.
Doch die Lust auf weitere Engeleinsätze war mir vergangen. Außerdem war ich mir nicht sicher, ob es außer M. Rohde und mir tatsächlich noch mehr derart naive, weltfremde Riesenrösser gab.

Mit Charlie telefonierte ich von der nächsten Telefonzelle aus. Ich täuschte ein hereditäres Angioödem vor, eine seltene Krankheit, mit der ich mich kurz zuvor im Rahmen einer Semesterarbeit über „Orphan Diseases" auseinandergesetzt hatte. Leider müsse ich alles absagen, behauptete ich.
Charlie, der Engelstenz, fluchte, aber beruhigte sich recht schnell wieder. Okay, ich schicke einen anderen Engel, brummte er. Hey, übrigens: Rohde, dein erster Kunde, hat gerade angerufen und sich bedankt, der war schwer begeistert. Vielleicht sprechen wir um Ostern herum noch mal? Ich habe vor, in diesem Jahr zusätzlich einen Hasenservice aufzubauen. Kostüme kriege ich aus dem Playboy Mansion …
Ich musste kurz schlucken. Ach lass mal, ist nichts für mich, sagte ich. Sind mir unterm Strich einfach zu viele Eier.

Die schönsten Weihnachtsmärkte der Welt

(Folge 26): Der Christkindlesmarkt in Nürnberg

Horst Evers

Auf dem Christkindlesmarkt in Nürnberg, dem wohl größten Weihnachtsmarkt der Welt, beobachte ich eine Gruppe norddeutscher Senioren, die sich vor einem der vielen Glühweinstände aufgebaut haben und spontan ein Konzert geben. Sie singen Weihnachtslieder und haben schon richtig viel Publikum angelockt. Das liegt zum einen an ihrer Lautstärke. Eigentlich brüllen sie die Weihnachtslieder mehr, als dass sie sie singen. Außerdem weichen ihre Versionen auch textmäßig ein wenig von den Originalen ab. Gerade singen sie: „Alle Jahre wieder / kommt der Bauersmann / auf die Bäurin nieder, / strengt sich tüchtig an."
Wuchtig und fröhlich intonieren sie diese Zeilen. Besonders Kinder bleiben stehen und hören begeistert

zu. Die Eltern hingegen versuchen, sie irgendwie weiterzuziehen, oder halten ihnen die Ohren zu. Nützt aber nicht viel. Die neun sturzbetrunkenen norddeutschen Senioren, die ich allesamt auf siebzig Jahre plus x schätze, singen aus voller Brust. Männer wie Frauen. Und sie können erstaunlich viele Strophen: „Mägde und auch Küüüühe / allehe kommen dran, / gibt sich ord'ntlich Müüüühe, / der bravehe Bauersmann." Gelernt ist gelernt, denk ich mal. Ein mittelalter Mann, wahrscheinlich der Reiseleiter, versucht verzweifelt, die Gruppe in Richtung Busparkplatz zu schieben. Aber die Senioren erweisen sich als genauso stand- wie trinkfest. Beflügelt von dem großen Publikum und gelegentlichem Szenenapplaus, sind sie offenbar fest entschlossen, den Rest ihres Lebens mit dem Singen schlüpfriger Weihnachtslieder auf dem Nürnberger Christkindlesmarkt zu verbringen. Dann stimmt der Dickste von ihnen ein Solo an: „Mein Tannenbaum, mein Tannenbaum, / lalalalalalala, / du stehst nicht nuuuur zur Sommerzeit …" und so weiter und so fort. Also zumindest ungefähr. Ganz genau ist der Text nicht zu verstehen, da sich seine Stimme vor freudiger Erregung immer wieder überschlägt. Zudem unterbrechen ihn die Seniorenfrauen ständig, brüllen lachend Sätze wie: „Glauben

Sie dem Angeber kein Wort, von wegen Tannenbaum, richtig müsste der eigentlich singen: ‚Mein Stachelbeerstrauch, mein Stachelbeerstrauch, / man sieht ihn kaum noch unterm Bauch.'" Dann biegen sie sich alle vor Lachen.

Neben den Kindern sind vor allem ausländische Touristengruppen ganz aus dem Häuschen wegen der singenden Senioren. Eine größere Gruppe Koreaner filmt und fotografiert sich quasi die Linsen wund. Wahrscheinlich sind sie auf einer Ganz-Europa-in-vierzehn-Tagen-Reise. Sorgsam zusammengestellt. In jedem Land nur der absolute Höhepunkt, der exemplarisch für die Kultur eines ganzen Volkes steht. In Spanien die weltberühmte Architektur der Sagrada Familia. In Italien die Kunstschätze des Vatikans, die Sixtinische Kapelle. In Frankreich das romantische Licht des Montmartre mit Sacré Cœur. In England die royale Anmut des Buckingham Palace. Und stellvertretend für Deutschland: sturzbetrunkene Senioren, die auf dem Christkindlesmarkt versaute Weihnachtslieder grölen. Jedes Volk ist anders. Wahrscheinlich werden dann all die lieben Verwandten und Bekannten, denen sie in Korea ihr Reisevideo zeigen, bei ihrer eigenen geplanten Europareise die gesamten vierzehn Tage in Deutschland verbringen wollen.

Zwei, drei Lieder später erscheint jedoch plötzlich die Polizei und macht dem Konzert ein Ende. Mitten in „Schwings Röckchen, schwingelingeling,/ schwings Röckchen schwing. / Ist so kalt der Winter,/ reib mir mal den Hintern“ ist unweigerlich Schluss. Es gibt noch einen riesigen Applaus von den Koreanern, Russen, Amerikanern und den anderen Christkindlesmarktbesuchern, dann aber heißt es wirklich Feierabend für den Weihnachtschor.
Als ich kurz darauf sehe, wie die Polizisten offensichtlich die Personalien der Sänger aufnehmen wollen, beschließe ich, mich für die norddeutschen Senioren einzusetzen. Aber nachdem ich mich zu ihnen und den mit gezücktem Block und Stift dastehenden Beamten bewegt habe, höre ich nur einen der fränkischen Ordnungshüter sagen: „Entschuldigung, aber für unsere Weihnachtsfeier vom Revier, könnten Sie mir noch mal den Text von diesem ‚Alle Jahre wieder‘ mit dem Bauersmann diktieren?“
Ich hab’s dann auch gleich mitgeschrieben.

„'tschuldigung, würd'n Sie mal 'n Engel spielen?"

Petra Piater

Rummel, nichts als Rummel! Jeder heuchelte Freundschaft und Frieden, jedem musste irgendetwas geschenkt werden, obwohl man nur wenige Menschen wirklich beschenken wollte. Alles reine Routine. Herr Fischer verabscheute Weihnachten.
In der Mittagspause setzten die Kollegen zur Jagd auf das letzte Geschenk an. Er hingegen fand das ganze Theater mehr als lächerlich, zog sich seinen Mantel an und ging stattdessen in den Park auf der anderen Straßenseite. Hier hatte er wenigstens seine Ruhe.

Kleine Schneeflocken fielen langsam zu Boden. Es war beinahe windstill. Herr Fischer atmete tief durch – wie gut die Ruhe tat! Er schlenderte den Parkweg entlang, den im Bodenfrost verhärtete Rillen von Fahrradreifen im Herbstmatsch ziemlich uneben gemacht hatten. Vor ihm lag die große Wiese mit dem Spielplatz. Erstaunt sah er einige Kinder dort, denen es offenbar nichts ausmachte, trotz Kälte hier zu sein. Er kam näher. Es waren drei: ein dunkelhaariges Mädchen und zwei Jungen. Vermutlich waren sie Grundschüler, aber mit Kindern kannte er sich nicht so gut aus.

Erleichtert stellte er fest, dass es nicht noch mehr Kinder waren. Waren es mehr als zwei oder drei, pflegten seine ohnehin gestressten Nerven überempfindlich zu reagieren. Er mochte Kinder – solange sie auf Distanz blieben. Ihnen beim Spielen zuzusehen war in Ordnung.

Langsam folgte er dem Pfad, der in einem großen Bogen um den Spielplatz herumführte. Es hatte aufgehört zu schneien.

„Du sitzt also mit dem Baby da, und dann kommt der Bastian, der ist dein Mann und …", sagte einer der Jungen.

Empört rief das Mädchen dazwischen: „Immer muss der mein Mann sein – in echt ist er mein Bruder, und beim Spielen muss er immer mein Mann sein. Das ist doof!"

Der Junge kratzte sich am Kopf. „Dann … dann ist der Basti eben die königlichen Gäste, und ich mach deinen Mann … Ist aber genauso doof, nur dass du das weißt, Dani!"

„'tschuldigung, würd'n Sie mal 'n Engel spielen?"

Herr Fischer war über diesen kindlichen Schlagabtausch amüsiert. Er blieb ein wenig unter den schneebedeckten Bäumen stehen und hoffte auf weitere Ablenkung von seinem Alltag.
„König ist mir eh lieber! Und Mama sagt auch immer, dass ich ihr Goldstück bin – das sagt sie zum Papa nämlich nich'!", rief der andere Junge, der eben Bastian genannt worden war und eine Stupsnase hatte.
„Könn' wir jetzt endlich anfangen?", maulte das Mädchen.
„Da is' noch was!", schaltete sich der stupsnasige Bastian ein. „Holger, wer spielt bitte schön die Hirten und den Engel?"
Holger öffnete seine ohnehin großen Augen noch weiter. „Manno, stimmt – heut fehlen Ella und die andern … Na, dann musst du dir deinen Mann eben einfach denken und ich mach die Hirten."
„Is' mir sowieso lieber!", grinste Dani frech, während sie ihre Hände aneinander rieb.
„Und was is' dann mit dem Engel? Ohne den macht das ganze Proben ja gleich gar keinen Sinn!", warf Bastian ein.
Holger ließ die Arme an die Hüften fallen, wobei seine dicke Daunenjacke die Situation mit einem Geräusch untermalte, das wie ein lauter Seufzer klang.

„Ja, stimmt, ohne den Engel geht das nicht. Wie hätten die Hirten denn sonst wissen sollen, wo das Baby Jesus da gerade in Bethlehem rumliegt …"
Herr Fischer stöhnte, plötzlich gereizt. Selbst hier blieben ihm diese Weihnachtsgeschichte und dieser ganze Weihnachtsquatsch nicht erspart. Noch nicht einmal im fast menschenleeren Park hatte man seine Ruhe vor diesem Firlefanz. Aber was konnte er auch anderes erwarten: Kinder glaubten so etwas noch, für die war das wohl genau das Richtige, naiv, wie sie waren. Schon hatte er sich wieder dem Weg zugewandt und wollte von dannen ziehen – da stand der kleine Holger plötzlich vor ihm und sah ihn mit seinen großen blauen Augen an. Gar nicht zaghaft fragte er: „'tschuldigung, würd'n Sie mal 'n Engel spielen?"
Sein Blick war voller Erwartung, geradezu eindringlich, sodass Herr Fischer gar nicht polternd ablehnen konnte, wie er eigentlich wollte. Dieser Junge hatte einen Blick, wie er ihn von jungen Hunden kannte, auf die man mit dem Futternapf zukam. Da konnte selbst er nicht barsch reagieren.
„Einen Engel?", brachte er erstaunt heraus.
„Ja, dauert auch gar nicht lange – wir müssen ja gleich nach Hause", sagte Dani, die mutig dazugekommen war.

„Das kann ich nicht. Ich weiß doch gar nicht, wie das geht! Und die Geschichte mit diesem Jesus, die kenne ich auch nicht!“, entgegnete Herr Fischer triumphierend und dachte, damit sei die Sache für ihn erledigt. „Sie kennen die Weihnachtsgeschichte nich’?“, fragten die drei Kinder nahezu aus einem Munde, halb ungläubig, halb empört. „Die ist schnell erklärt!“, meinte Bastian mit einer Handbewegung, die jede Problematik wegzuwischen schien.
Das amüsierte Herrn Fischer dann doch. Er zögerte und wusste selbst nicht, wieso er sich tatsächlich in die Winterluft sagen hörte: „Na gut, aber nur kurz – und möglichst schnell!“
Ehe er sich’s versah, gestikulierten und redeten die drei enthusiastisch auf ihn ein und tanzten dabei vor lauter Begeisterung um ihn herum. „Also die Menschen sind ganz arm dran, weil sie mit Gott nichts mehr zu tun haben wollen und gaaaanz weit weg von ihm sind, damals … Das macht sie kalt und jeder denkt nur an sich“, fing Bastian an.
„Und das tut Gott ganz dolle weh, weil er wie ein lieber Papa für uns Menschen sein will – und er uns auch voll lieb hat! Klar, dass er uns Menschen da raushelfen will“, fügte Dani hinzu. „Und das geht halt nur, wenn jemand den ganzen Schrott, der den

Weg zurück zum Vater im Himmel versperrt, weggschafft. Damit der Weg wieder frei ist – weil der is' ja wie mit Riesen-Löchern total kaputt… mit sooo einem tiefen Graben und da kommt kein Mensch von sich aus rüber."

„Genau!", rief Bastian. „In der Jungschar sagen sie immer: Erst muss einer 'ne Brücke bauen, und das kann eben nur Gott selbst, wir Menschen haben's ja schon vergeigt – und damit das passiert, hat Gott seinen Sohn geschickt."

Nun sprang Holger ein. „Gott ist nämlich der Einzige, der das kann! Und das hat er dann auch Ostern gemacht. Da ist er ans Kreuz gegangen. Und das Kreuz, das ist wie ein fetter Balken, über den man rübergehen kann, wenn man den hinlegt."

Herr Fischer wusste gar nicht, welchem der drei Kinder er zuerst zuhören sollte, sie redeten jetzt alle zugleich auf ihn ein.

„Damit ist er wie die Brücke, die über diesen Graben geht, der uns Menschen alles so schwer macht", erklärte Holger eifrig weiter. „Jetzt ist der Weg wieder frei, weil er für uns gestorben ist – an Ostern eben."

„Und Weihnachten ist der Anfang von Ostern", drängte sich Dani nun wieder etwas nach vorne, „denn er musste ja erst herkommen, Mensch werden,

also geboren werden und so, damit er nachher seine Rettungsmission übernehmen konnte.“
„Und deshalb feiern wir Weihnachten!“, stellte Bastian nahezu stolz fest.
„Das haben Sie aber sicher schon einmal gehört, oder?“, fragte Holger, während er Herrn Fischer mit seinen großen Augen ansah. „Wir hören das mindestens einmal im Jahr, da machen wir daraus ein Krippenspiel in der Kirche – und dafür brauchen wir halt ’nen Engel zum Proben.“
Herr Fischer war – verständlicherweise – etwas verwirrt. Er kannte Gespräche über Weihnachten, lauter gewohnheitsmäßige Floskeln, leere Worthülsen und nichtssagende Heuchelei. Dass jemand wirklich an die Weihnachtsgeschichte glaubte, war ihm neu. Dass Menschen darüber so begeistert sein konnten und ehrlich überzeugt schienen, auch wenn es Kinder waren – so etwas hatte er noch nie erlebt. Ihr Enthusiasmus und ihre einfachen, wenn auch etwas wirren Worte weckten eine Sehnsucht in ihm, die er sich nicht erklären konnte.
Weiter und weiter redeten die drei auf ihn ein und erklärten ihm gerade seinen Text als Engel von „großer Freude, die allen Menschen gilt“, als Holger erschrocken auf die Uhr sah.

„Wir sind schon voll spät dran! Jetzt wird's nichts mehr mit Proben!", rief er hastig.
Große Enttäuschung war auf den Kindergesichtern zu lesen.
Doch Bastian schien eine Idee zu haben und strahlte plötzlich wieder: „Könn' Sie nich' morgen wiederkommen? Wenn die anderen dann da sind, bleiben Sie einfach der Engel. Oder wir finden 'ne andere Rolle für Sie, sonst auch als Schaf oder so. Kommen Sie?"
Diesmal brauchte Herr Fischer nicht lange zu überlegen: „Ja, gern!"
Und er meinte es wirklich so.
Die Kinder machten Freudensprünge, riefen wieder wild durcheinander und rannten dann winkend davon. „Bis morgen!"
Herr Fischer blieb stehen und sah ihnen nach. Von „großer Freude, die allen Menschen gilt" hatten sie geredet. Es gab da noch so viel, was er die Kinder fragen wollte.
Er ging zügig los. Das lange Stehen hatte ihn ausgekühlt und seine Mittagspause war fast vorüber. Aber morgen – morgen würde er wieder eine Mittagspause haben. Und auf die freute er sich schon jetzt.

O Pannenbaum

Günter Herlt

Die schwierigste Frage vor Weihnachten ist in unserer Familie nicht: „Wem schenkt man was?“, sondern: „Wer nimmt Opa?“ Da unser Opa seit drei Jahren Witwer ist, müssen wir ihm „Asyl“ gewähren.
Nun gibt es aber zweierlei Opas: Manche hocken sich aufs Sofa und stehen erst zur Abreise wieder auf. Unser Opa wieselt aber hektisch durch alle Zimmer, entdeckt alle Macken zwischen Keller und Dach und arbeitet den ganzen Heimwerker-Katalog ab. Was meist in eine Katastrophe führt.
Voriges Jahr war es der Weihnachtsbaum. Opa kam rein und rief: „Was habt ihr denn da für eine Krüppelkiefer aufgestellt?“
Und schon stieg er wieder in seinen FIAT Punto und tappelte los zum Baumhändler am Markt. Dort angelte er eine Import-Tanne von zwei Meter fünfzig hervor, deren Preis vermuten ließ, dass seine Majestät der König von Schweden persönlich den Baum gepflanzt und gegossen hatte. Weil aber Opas Kleinwagen die Großtanne nicht bändigen konnte, verfrachtete er deren Unterleib auf den Beifahrersitz und ließ den Rest

aus dem Kofferraum ragen. Da er jedoch keine Warnflagge dabeihatte und eine Einfahrt blockierte, kamen zum Tannengeld von 80 Euro noch mal 120 plus 50 Euro hinzu – Abschleppkosten und Bußgeld. Doch dann stand er mit dem Prachtbaum in unserer Stube. Ich sagte: „Der ist doch viel zu lang!"
Opa meinte: „Das macht rein nuscht nich, Junge, da nehmen wir unten was ab."
Ich fiedelte eine halbe Stunde an dem armdicken Ende herum, bis ihm einfiel: „Moment mal. Da muss ja noch die Spitze mit dem Stern rauf. Nimm mal lieber noch zwanzig Zentimeter unten ab!"
Damit war ich die nächste halbe Stunde beschäftigt. Als ich in die Küche ging, um ein Pflaster für die Blasen an meinen Händen zu suchen, rief Opa: „Nu lauf mal nich weg! Mir fällt da gerade ein, dass wir ja auch den eisernen Fuß unten mitrechnen müssen. Aber das macht rein nuscht nich, da nehmen wir eben oben was weg!"
Die Gretchenfrage war nun aber, ob der dicke Baum auch in den engen Fuß passen würde. Das tat er nicht. Worauf Opa meinte: „Das macht rein nuscht nich, Junge. Da spitzen wir den Stamm unten einfach ein bisschen an." Ich sagte: „Dann musst du aber den Baum schön festhalten."

„Na klar doch!“, sagte Opa. „Man bloß, ich kann mich nicht so lange bücken mit meinem Kreuz. Fass mal an, wir legen das Vehikel auf den Tisch!“
Was auch geschah. Aber dank der von Archimedes entdeckten Hebelwirkung wedelte der Baum die Vase vom Tisch, was meine Frau aus der Küche nachfragen ließ, ob wir besoffen seien. Opa rief: „Wir haben alles im Griff!“
Ich fragte: „Ist er jetzt nicht ein bisschen klein, um auf der Erde zu stehen?“
„Richtig, Junge! Aber das macht rein nuscht nich, wir stellen den Krempel einfach auf den Tisch!“
Bei diesem Versuch ging die Deckenlampe zu Bruch. Doch dann stand der Baum endlich – leicht zerzaust – im Schein seiner strahlenden Lichter.
Die Kinder maulten: „Voriges Jahr war der Baum aber schöner!“
Meine Frau zischte: „Da hatten wir aber den lieben Opa nicht zu Besuch!“
Und ich addierte stumm, dass dieser Baum mit seinen Nebenkosten teurer war als alle Geschenke, die darunterlagen. Aber Weihnachten ist ja ein Fest der Liebe, da darf man nicht rechnen. Doch nächstes Jahr kaufe ich eine chinesische Plastiktanne, und Opa darf nur noch den Stecker in die Wand stecken.

Das Weihnachtswunder der kleinen Tanne

Annemarie Wagner

Es war einmal eine kleine Tanne. Sie stand in einem großen Wald unter vielen schönen Bäumen. Im Frühling und bis zum Herbst war sie lustig und fröhlich. Für jedes Tier hatte sie immer ein offenes Ohr und ein paar aufmunternde Worte parat. Alle liebten sie und liefen gern zu ihr, denn sie konnte wundervolle Geschichten erzählen, sogar die alten Bäume hörten auf zu rauschen, und es wurde mucksmäuschenstill im Wald. Aber jedes Jahr Anfang Dezember wurde die kleine, süße Tanne von Tag zu Tag trauriger. Keiner konnte sie trösten oder ihr helfen. Je näher das Weihnachtsfest kam, umso stiller und apathischer wurde sie. Kein einziges Wort kam über ihre Lippen, nur die zarten Nadeln zitterten leise. In diesem Jahr war es besonders schlimm. Die Tiere des Waldes wurden selber ganz leise. Niemand konnte das Bäumchen zum Reden bringen. Keinem fiel etwas ein. […] Ein kleines Häschen wollte aber noch

nicht aufgeben. Es hüpfte mutig zu der kranken Tanne und redete mit Engelszungen. Nichts half. Doch dann wurde es ihm zu bunt. Es machte Männchen, dadurch wurde es ja größer, legte zusätzlich seine Ohren an und sagte energisch: „Mein Freund, jetzt hör mir mal zu, du hast mir vor einem Jahr das Leben gerettet – als der Jäger mich erschießen wollte. Da hast du mich unter deinen Zweigen versteckt. Und dafür bin ich dir ewig dankbar. Weißt du das noch? Und damit du siehst, dass ich es ernst meine, werde ich so lange hier sitzen, nichts essen und trinken, bis du den Mund aufmachst."
Zwei volle Tage saß der Mümmelmann dort und wartete. Da konnte auch das Bäumchen nicht mehr schweigen und fing endlich zu reden an. „Mein liebes Häschen, ich hab doch allen Grund, traurig zu sein. Keiner will mich. Jedes Jahr zur Weihnachtszeit gehen die anderen Bäume in die Stadt. Am Heiligen Abend werden sie geschmückt und Kerzen werden auf die Zweige gesteckt und angezündet. Das haben mir die Vögel erzählt. Nur ich darf nicht mit, weil ich noch so klein bin und krumme Äste habe. Da soll man nicht traurig sein." […]
Das Häschen hoppelte traurig zu den anderen Tieren zurück und erzählte ihnen alles, was die Tanne ge-

sagt hatte. Daraufhin schmiedeten die Tiere einen Plan. Am Heiligen Abend, als es schon dunkel war, trafen alle – eins nach dem anderen – bei der Tanne ein. Sie setzten sich im Kreis zu ihren Füßen und sangen die schönsten Weihnachtslieder. Jetzt fing es sogar an zu schneien und dicke, weiche Flocken legten sich auf das Bäumchen. Der Mond, der sich die ganze Zeit versteckt hatte, kam hervor und der Schnee auf den Zweigen glitzerte wie reines Silber. Auf einmal fielen Tausende von winzig kleinen Sternchen vom Himmel und legten sich sacht auf seine Nadeln und das Licht der Sterne strahlte und glänzte hundertmal stärker als der schönste Weihnachtsbaum mit seinen Kerzen. Das Tännchen dehnte und streckte sich ganz vorsichtig, und auf einmal hatte es keine krummen Äste mehr und seine Zweige trugen zarte Spitzen mit zauberhaften moosgrünen Nadeln. Es jubilierte vor Freude über dieses wunderbare Weihnachtsgeschenk. Die Bäume im Umkreis verneigten sich vor der kleinen Tanne und die Tiere beugten bewegt ihre Knie, denn so etwas Schönes hatten sie noch nie gesehen. Auf einmal verstanden sie, dass gerade dieses Tannenbäumchen vom Christkind auserwählt worden war, um die Tiere des Waldes in der Heiligen Nacht zu erfreuen.

Schlicht und einfach

Hans Scheibner

Haben Sie auch dieses völlig neue Weihnachtsgefühl? Ich meine: diese Vernunft, die überall durchkommt. Dass die Leute diesen sinnlosen Weihnachtsrummel nicht mehr mitmachen. Schämen sich für den ganzen Luxus und die vielen Geschenke und besinnen sich wieder auf das Schlichte, Einfache.
Ging ja schon los bei der Weihnachtsbeleuchtung. In früheren Jahren dieser teure Lichterglanz: Tausende von Glühbirnen versprühten ihre Energie völlig unsinnig in die Gegend. Aber diesmal: ganz sparsame Beleuchtung, ganz schlicht und einfach. Und siehe da, der Einzelhandel meldet: Umsatzmäßig alles okay. Hat sich also diese fehlende Festbeleuchtung kein Stück geschäftsschädigend ausgewirkt. Im Gegenteil, haben ja die Geschäfte auch noch die Stromkosten gespart. Und überhaupt, die dingsda, die Motivation ist dieses Jahr – also irgendwie gesünder. Früher hat z. B. unser entfernter Cousin, Speditions-Unternehmer Manfred Baumann, immer gesagt: „Erika kriegt'n Tigerpelz, weil in unseren Kreisen, da kannst du echt nicht mehr in Kamelhaar rumlau-

fen.“ – Aber diesmal zu Weihnachten denkt er plötzlich auch ganz schlicht und einfach: „Ich schenk Erika den Brillant-Anhänger, aus Vernunftsgründen. Weil – man muss sein Geld schließlich in Wertgegenständen anlegen. Du weißt ja gar nicht, was morgen kommt. Und auch in puncto Kleidung, hab ich gesagt, wird jetzt praktisch geschenkt. Sie kriegt nicht mehr irgend so’n teuren Modefummel, den sie nach sechs Wochen schon an die Alsterdorfer Anstalten gibt, sondern ein gutes, vernünftiges Lederkostüm – Antilope –, wo sie was von hat! Was auf Dauer gedacht ist! Kostet zwar dreitausend Mark, aber die sind nicht weg. Wir machen dieses sinnlose Geldausgeben nicht mehr mit.“
Ja, überall diese Vernunft und einfache Schlichtheit. Annelie und Holger, meine alternativen Freunde, schenken sich überhaupt nichts. Holger sagt: „Dieser materialistische Austausch von Industrieprodukten tötet nur das natürliche Gefühl für humane Kommunikation!“ Er und Annelie sitzen Heiligabend bei einem Glas Tee unterm Strohstern – selbstgeflochten – und lesen. Er wird ihr dieses ungeheuer angesagte Öko-Werk ‚Der andere Weg…‘ (39,80 Euro, broschiert) übergeben – also nicht schenken. Denn das Buch ist für sie mehr so ’ne Art Fachlite-

ratur, die sie einfach lesen muss. Und dazu hören sie wahrscheinlich die Lieder von diesem ungeheuer schlichten Liedermacher mit diesem einfachen Sound und dem sensiblen Gewissen. Annelie übergibt die LP Holger – auch mehr als geistiges Rüstzeug, nicht als Geschenk.

Vernunft also an der ganzen Weihnachtsfront, besonders zu merken an den Weihnachts-Glückwunschkarten. Die Heizkörper-Firma Brodermann & Co. hat dieses Jahr an alle ihre Kunden einen schlichten, einfach bedruckten Büttenkarton geschickt, wo vorne nur ein grüner Stern drauf ist und drinnen in schlichten, grauen Lettern der Text: „Liebe Kunden, wir halten nichts von der unpersönlichen Glückwunschkarten-Flut mit dem stereotypen ‚Fröhliche Weihnachten'. Darum möchten wir Ihnen ganz persönlich und menschlich ein frohes Fest wünschen und ein erfolgreiches Jahr 1987." – Und diese schlichte Karte hat sie an zweitausend Kunden geschickt.

Das Einfache, das Echte hat diesmal die Oberhand, die Vernunft, das Persönliche.

Und damit, liebe Leser: Fröhliche Weih … Nein, so nicht. Ich möchte Ihnen vielmehr diesmal so richtig von Herzen, und nicht etwa allen Lesern zusammen, sondern jedem einzelnen ganz einzeln – ich will sagen: nur Ihnen, die Sie diese Zeilen jetzt lesen, ja, Sie sind gemeint, möchte ich äh – wie bitte? – ja richtig ein frohes Fest wünschen. Ganz schlicht. Und einfach.

Und ab geht die Post

Jessie Scheithauer

Da fällt mir gerade ein, du hast ja noch keine Weihnachtskarten gekauft. Rasch gehe ich in Gedanken durch, wem ich gute Wünsche zum Fest senden möchte. Die Peinlichkeit vom letzten Fest wird mir dieses Jahr nicht passieren. Ich hatte doch tatsächlich Post von Bekannten bekommen und selbst gar keine geschickt, sodass ich an Heiligabend schnell noch Kartengrüße schreiben musste. Beim Durchblättern meines Adressbuches fallen mir einige Namen auf, von denen ich schon einige Zeit nichts mehr gehört habe. Warum nicht die Gelegenheit nutzen und sich mal melden. Wie hieß noch der schöne Post-Spruch: Schreib mal wieder!
Ich lege einen Zettel an, wer alles eine Karte bekommen soll, und gleich noch in Rubriken: Humor, Besinnlich, Geschäftlich, Brief, Geldgeschenk. Zunächst ordne ich die Empfänger zu, die mir ins Gedächtnis kommen. Anschließend die aus dem Adressbuch – von A wie Adam, einem Onkel meines Mannes, bis Z wie Zweistein, einer ehemaligen Kol-

legin. Es ist schon eine stattliche Zahl, die auf meinem Papier steht. Zur Abrundung und um ja keinen zu vergessen, lege ich die Liste meinem Mann vor. Der interessiert sich aber nicht sonderlich für meine Aufstellung: Du machst es schon recht, ist der einzige Kommentar, den ich ihm entlocken kann.
Mit meiner Liste strebe ich dann ins Schreibwarengeschäft und schaue mir das Glückwunschkartenangebot an. Der Bereich ‚Humor' und ‚Geldgeschenk' ist schnell abgehakt. Etwas schwieriger ist es mit ‚Geschäftlich' und ‚Besinnlich'. Aber auch diese Hürde ist zu nehmen. Froh, alles doch so schnell bekommen zu haben, eile ich gleich noch auf die Post und besorge die entsprechenden Briefmarken: Karte, Brief und Übersee. Um etliche Euro ärmer, aber zufrieden geht es nach Hause. Da die Zeit drängt, setze ich mich am Mittag an den Schreibtisch und schreibe fleißig. Als es Zeit fürs Abendessen ist, habe ich einen Großteil schon geschafft. Von den Geldgeschenken für Zeitungsfrau, Briefträger, Müllmänner, den Karten für die Geschäftsfreunde meines Mannes, die Briefe an die engsten Verwandten, sofern man sich nicht über die Feiertage sieht, bis zum Humorvollen für die Freunde, alles erledigt. Und der kleine Rest wird am Abend dann auch noch schnell fertig.

Am nächsten Morgen werfe ich alles ein. Das Weihnachtsfest kann kommen.
Das Weihnachtsfest kommt, aber was nicht kommt – sind die Karten der von mir angeschriebenen Personen. Natürlich, die, die immer kommen, sind schon da: Hilde aus Bochum, Onkel Franz aus USA usw. Es sind auch ein paar dabei, über die ich mich wirklich richtig freue, weil sie sich schon lang nicht mehr gemeldet haben. Sollte es mir heuer passieren, von anderen vergessen worden zu sein? An Heiligabend sind erst knapp fünfzig Prozent aller erwarteten Karten eingetroffen. Dafür wartet am Nachmittag eine Überraschung der besonderen Art auf mich, ich komme kaum vom Telefon weg. Jeder, der sich nicht schriftlich gemeldet hat, ruft kurz an. Auch keine schlechte Idee, denke ich, das wirst du nächstes Jahr auch machen.

Im darauffolgenden Jahr zu Weihnachten nehme ich mir wieder meine Liste vom Vorjahr vor. Die hat sich richtig bewährt. Ein paar Namen muss ich leider streichen, aber einige kommen auch neu hinzu. Hinter jeden Namen setze ich ein Zeichen: Telefon oder Karte. Ungefähr die Hälfte der Namen wird Post erhalten, die anderen rufe ich an. Die Kartengrüße habe ich dann auch alle rechtzeitig abgeschickt. Und da vor Heiligabend gerade ein Wochenende ist, setze ich mich am Samstag ans Telefon und sage allen meine guten Wünsche zum Fest. Etwas erstaunt war ich schon über manche Reaktion am Telefon. Einige klangen wie ertappt. Ich kann mir das nicht erklären. Die Erleuchtung kommt an Heiligabend: Ich liege mit Telefonieren nicht im diesjährigen Trend, denn nun kommen von fast neunzig Prozent Karten. Das erklärt auch die komischen Reaktionen auf meine Anrufe.

Dank der fortschreitenden Technik konnte ich in den letzten Jahren den Großteil meiner Glückwünsche per E-Mail versenden, da spielte es auch keine große Rolle, ob man ein paar mehr auf die Liste nahm. Ein komisches Gefühl hatte ich nur immer, wenn man mir eine eCard schickte. Erhielt ich damit auch gleich einen Trojaner?

Nun erledige ich alles mit meinem Handy, mit WhatsApp und ein paar SMS ist das rasch erledigt – nur: Als ich noch Karten geschrieben habe, habe ich an den Empfänger doch auch mehr gedacht. Und heute …

Ich glaube, ich sollte mal wieder schreiben.

Drei Nüsse für Hazelbrödel

Hazel Brugger

Die fünfte Jahreszeit dauert sechs Wochen und läuft auf die Klimax Weihnachten hinaus. Dieser nach Zimt und Anis duftende Festtagsfaschismus, die herzerwärmende Struktur von berechneter Harmonie und Nächstenliebe ist es, welche auch den unchristlichsten Bürger von allen Seiten her zu penetrieren versucht.
Jeder Ladenbesitzer tut so, als läge ihm etwas an der Musik, die er abspielt und die im besten Fall irgendwo zwischen Enya und Schwangerschafts-Gymnastik-Harfenklängen hin- und herpendelt. Wenn man Pech hat, wird man auch auf der Straße von Lautsprechern mitten in die Fresse gewhamlt und mit glockenbimmelndem Herzschmerz dem Tod durch Seelendiabetes nahegebracht.
Hinzu kommt der gesellschaftliche Zwang, wie die Lachse zur Brutstätte zurückzukehren. Familienmitglieder zu beglücken, die man sich nie als Freun-

de aussuchen würde, und in steinzeitliche Muster zurückzufallen. Da ist zum Beispiel der Jäger, der Hausmann, der im Schweiße seines Angesichts den eingepackten Baum vom Familienwagen loslöst und in der Stube labradorgleich hechelnd seiner Frau vor die Schuhe wirft wie die tote, nasse Ente. Und sie, die Sammlerin, die ihm darauf einen Kuss gibt (ohne Zunge, das wäre unangebracht), den Baum in den Sockel steckt und das schützende Netz mit gekonntem Messerschlitzer-Move von der Beute ablöst. Und die Kinder, die bei der Herrichtung des Erbeuteten helfen, mit gestärktem Kragen Christbaumkugeln aufhängen und Süßigkeiten arrangieren dürfen. Knochige Erdnüsse, Mandarinen, so prall und saftig wie gut gereifte Ödeme, und Schokolade, die im Mund schmilzt, nicht in der Hand. (Es sei denn natürlich, man steckt sie sich mitsamt der Hand in den Mund.)

Die Vorweihnachtszeit ist, wie ich mir die letzten Monate einer Schwangerschaft ausmale: unendlich viel Vorbereitung für einen einzigen Termin. Und obwohl alle anderen es auch irgendwie hinkriegen, denkt man doch, dass es – wie man's auch macht – verkehrt sein muss, ob durchorganisiert und hübsch dekoriert oder anarchistisch à la Bethlehem-Roulette.

Sowohl zum Elternsein als auch zum Festeschmeißen braucht man keine Prüfung. Man kann lediglich hoffen, dass alles gut wird und am Schluss nicht zu viel Unordnung bleibt. Gleichzeitig ist klar, dass man eigentlich nur alles falsch machen kann – das Kind stürzt und fällt auf die Jesuspuppe im Krippenset, man eilt daher und pfercht zur Instantberuhigung eine Lindorkugel in den Kindermund. Bumm, zack, Totalschaden auf immer und ewig. Denn fortan assoziiert der Nachwuchs Schmerz und Jesusbaby mit Schokolade und muss beim Anblick von Kirchen sabbern und sich geißeln lassen. Sowohl Kind als auch Weihnachten sind auf immer ruiniert, die ganze Arbeit für nichts, halleluja, und all das nur, weil man zum Feiern keinen Eignungstest gemacht hat.
Und wenn Weihnachten dann weder vor noch in oder gar hinter der Tür steht, sondern das Haus endlich, endlich in vom Balkongeländer stürzender Manier verlassen hat, dann ist Zeit für die richtig wichtige Frage im Leben. Nämlich welches Fondue man an Silvester denn nun kochen soll.

Der Weihnachtsmensch

Judith Pinnow

Allen war es klar, dass ich es vermasseln würde. Nur mir irgendwie nicht. Ich habe gedacht, ich kriege das schon hin. Und mit dieser positiven Haltung habe ich es immer weiter vor mir hergeschoben, in der irren Annahme, ich hätte ja noch Zeit. Dann habe ich diesen bescheuerten Schnupfen bekommen, der mir sieben Tage geklaut hat, an denen ich nur zwischen Taschentuchbergen auf der Couch lag, und tada – heute ist der vierundzwanzigste Dezember. In weniger als sechs Stunden wird meine ganze Familie zum Essen kommen und ich habe nichts. Und wenn ich nichts sage, dann heißt das wirklich gar nichts. Es gibt keinen Baum, keine Deko, kein Essen, keine Geschenke …

Die Wohnung ist nicht aufgeräumt und schon gar nicht geputzt. Alle haben es kommen sehen. Deshalb haben wir auch noch nie bei mir gefeiert, sondern immer abwechselnd bei meinen Eltern und meinen älteren Geschwistern. Dieses Jahr wollte ich es ihnen aber zeigen, und jetzt kann mich eigentlich nur noch ein Wunder retten.

Ich mache mir mit zitternden Fingern gerade eine endlose Liste mit allem, was ich besorgen muss, als mir das klar wird. Ich brauche ein Weihnachtswunder!

Und gerade an Weihnachten sollte das doch wohl möglich sein!

Nur: Wie lockt man so ein Wunder an? Und zwar schnell?! Man muss ein guter Mensch sein, so ist das doch immer in allen Geschichten. Das kriege ich hin!

Entschlossen reiße ich meine Autotür auf und steige ein. Ich werde heute der beste Mensch sein, der auf den Straßen unterwegs ist, und dann wird durch ein Wunder alles laufen wie am Schnürchen. Ein Weihnachtsmensch werde ich sein!

Zuerst will ich den Weihnachtsbaum besorgen. Ohne Baum kein Fest. Alle Stände, an denen ich in den letzten Wochen immer vorbeigefahren bin, sind weg oder ratzeputz leergekauft. Ich parke hektisch und laufe zu dem Stand an der Eisbahn. Da sehe ich tatsächlich noch drei Bäume. Ich sprinte los, überhole eine alte Dame und eine Familie mit einem kleinen Kind, die auch auf den Verkäufer zusteuern. Dann erinnere ich mich an mein Vorhaben. Ich bleibe stehen und lasse ihnen den Vortritt. Ich bin stolz auf mich. Ein Weihnachtsmensch zu sein klappt hervor-

ragend. Zwei Bäume werden vor meinen Augen verkauft. Bleibt der Letzte für mich.
„Tut mir leid, dieser Baum ist reserviert."
Ich kann es nicht glauben.
Der Verkäufer hebt entschuldigend die Schultern. „Die Dame hat im Voraus bezahlt, da kann ich nichts tun."
Ich nicke tapfer. Das wird schon. Weihnachtswunder passieren immer am Ende. Ich muss jetzt auf Kurs bleiben.
Als nächstes ist die Metzgerei dran, die schließt heute früh. Ich werde natürlich keine Ente und kein Rind mehr bekommen, aber irgendein Fleisch werden sie ja noch haben. Ich hetze in den vollen Laden, und erst als ich drin bin, realisiere ich, dass draußen vor der Tür etwas nicht stimmte. Ich verlasse die Metzgerei wieder und sehe ein kleines Mädchen, das leise weinend auf der ersten Stufe steht.
Ich seufze innerlich. Wenn sie ihre Eltern verloren hat, wird mich das viel zu viel Zeit kosten. Aber man lässt ein weinendes Kind nicht alleine stehen, sogar wenn man gerade kein Weihnachtsmensch ist.
„Hallo, kleine Maus", ich knie mich vor sie hin. „Wie heißt du denn?"
„Ich darf nicht mit Fremden sprechen", schluchzt sie.

„Da hast du Recht. Ich bin Fee, und wer bist du?"
„Fee? Du bist eine Fee?" Ihre Augen sehen mich hoffnungsvoll an.
„Ich heiße nur so", sage ich ehrlich, „aber ich kann dir bestimmt trotzdem helfen. Hast du deine Eltern verloren?"
Sie nickt und fängt wieder an zu weinen. „Meine Mama."
Ich lege vorsichtig meine Hand auf ihren Arm. „Wir finden sie. Wie heißt du denn?"
„Bea."
„Ok, Bea, und weißt du, wo du deine Mama verloren hast?"
Sie macht eine hilflose Geste. Ich versuche es weiter: „Wart ihr vielleicht in einem Laden zusammen, an den du dich erinnerst?"
Sie nickt zögernd. „Da konnte man Seife kaufen". Das hilft mir gar nicht weiter. Es gibt sicher zehn Läden in dieser Stadt, in denen man Seife kaufen kann.
„Weißt du, wie deine Mama heißt?"
„Ja!" Jetzt nickt sie heftig. „Und ich weiß auch ihre Telefonnummer!", sagt sie stolz. „Wähl ich 0172 kommt die Mama schnell herbei, 493174, ist die Mama gleich bei dir."

Die Kleine hat die Nummer ihrer Mutter in einem Gedicht gelernt. Wie schlau ist das denn bitte? Ich tippe die Nummer in mein Handy ein und spreche kurze Zeit später mit einer Frau, die noch aufgelöster ist als ihr Kind. Bea hält jetzt meine Hand, und während wir auf ihre Mama warten, erzählt sie mir, was sie sich alles vom Weihnachtsmann wünscht.
Es ist schön zu sehen, wie entspannt sie jetzt ist. Ich höre der kleinen, plappernden Person so gerne zu. Meine Geschwister haben schon Kinder und ich hätte auch gerne welche, aber dazu müsste ich zuerst mal einen Partner haben. Ich bin in unserer Familie die Bridget Jones.
Die Mutter kommt und die beiden fliegen sich in die Arme. Ich stehe verloren daneben. Dann dankt mir die Frau ganz herzlich und wünscht mir frohe Weihnachten. Bea winkt mir glücklich zu und sie verschwinden. Die Metzgerei hinter mir hat inzwischen geschlossen.
Ich fühle mich einsam, habe aber keine Zeit für so was. Ich brauche ein anderes Essen, irgendeins, aber mir fällt nichts ein. Ich gehe in den nächsten Supermarkt und google im Gehen Weihnachtsrezepte und bin heillos überfordert. Am Ende kaufe ich Fischstäbchen und Kartoffeln, um nicht gar nichts

zu haben. Es läuft überhaupt nicht gut. Ich lasse an der Kasse ein paar Leute vor, die noch gestresster aussehen als ich, und danke der Kassiererin dafür, dass sie heute noch arbeitet. Sie lächelt mich dankbar an, aber mein Weihnachtswunder bleibt weiter aus. Vielleicht reichen meine kleinen, guten Taten nicht? Vielleicht müsste ich einen Obdachlosen zum Essen einladen und meiner Familie riesige Geschenke machen. Oh Gott, Geschenke habe ich noch gar keine!

Die Zeit rennt mir davon. Ich muss zielstrebig vorgehen. Ich werde jetzt jeweils das erste kaufen, was mir in einem Laden in die Augen springt. Ich weiß nicht, ob das eine gute Idee ist, aber immerhin ergattere ich mit diesem System schnell eine Menge seltsamer Dinge. Niemand wird sich darüber freuen. Man muss sich beim Schenken in den anderen reinversetzten, Zeit und Gedanken investieren.

„Hab ich alles nicht“, sage ich leise vor mich hin, während ich all die schrägen Geschenke, Fischstäbchen und Kartoffeln in meinem Kofferraum verstaue. Meine Einkaufstour war ein einziger Misserfolg. Ich habe Christbaumkugeln und andere Deko gekauft, die ich jetzt an keinen Baum hängen kann. Ob ich nochmal an dem Stand mit den Christbäumen an der

Eisbahn vorbeifahre? Vielleicht wurde der Reservierte ja nicht abgeholt?
Ich vertrödle meine letzte halbe Stunde damit, den Stand anzufahren, an dem weder der Verkäufer noch ein einziger Baum übrig ist. Ich erwäge kurz, einfach einen vom Weihnachtsmarkt zu klauen, aber ich befürchte, Weihnachtsmenschen tun so etwas nicht.
Geschlagen fahre ich nach Hause. Vor meiner Tür steht niemand mit einem Christbaum oder einer fertigen Ente. Kein gutaussehender Nachbar, der sich ausgesperrt hat. Nichts von dem, was jetzt in einem Weihnachtsfilm passieren würde.
Zu Hause ziehe ich mir schnell ein Kleid an, und bevor ich noch irgendetwas aufräumen kann, klingelt meine Familie an der Tür.
Ich begrüße sie zerknirscht und beichte, dass ich gar nichts fertig habe. Meine ältere Schwester wirft meiner Mutter einen bedeutungsvollen Blick zu und mein älterer Bruder sagt: „Ach, Fee!“
Immer bin ich „Ach, Fee“. Heute hätte ich beweisen können, dass mehr in mir steckt als nur die verpeilte Jüngste, die nichts auf die Reihe kriegt. Aber das verdammte Wunder ist einfach nicht eingetreten.
„Hast du auch keinen Weihnachtsbaum?“, fragt mich meine Nichte Linda.

Ich schüttle den Kopf. „Nein, die waren alle ausverkauft. Aber ich hab Weihnachtsdeko … vielleicht …“ Ich breche hilflos ab.
„Vielleicht fahren wir zu einem von euch?“ Ich schaue auf den Boden, während ich das vorschlage.
„Wir schmücken einfach deine Pflanze!“ Linda zeigt auf meinen Gummibaum.
„Und irgendwas hast du doch sicher im Gefrierschrank, oder?“ Meine Mutter schiebt sich an mir vorbei in die Küche.
„Hast du nicht noch eine Lichterkette irgendwo?“ Noch während er fragt, kriecht mein Vater in meine Abstellkammer.
„Kommt, wir räumen auf!“ Meine Schwägerin Katrin krempelt die Ärmel hoch und geht mit ihren zwei Kindern entschlossen ins Wohnzimmer.
„Ich decke den Tisch und suche alle Stühle zusammen!“ Meine Schwester klopft mir aufmunternd auf den Oberarm.
Kurze Zeit später wirbeln alle durch meine Wohnung. Ich schmücke mit Linda den Gummibaum, der sich erstaunlich gut als Christbaumersatz eignet.
Eine halbe Stunde später ist es plötzlich sehr weihnachtlich bei mir. Mein Papa hat mit einer Lichterkette und verhüllten Lampen eine schöne Stimmung

gezaubert. Der Tisch ist festlich gedeckt, und ein paar Christbaumkugeln schmücken ihn zusätzlich. Es duftete nach Kartoffelbrei und Fischstäbchen. Weil nicht genug Stühle da sind, setzen sich die Kinder auf den Schoß ihrer Eltern, und die kleine Madita sucht sich sogar meinen Schoß aus.

Es ist etwas eng am Tisch. Ich versuche, auf meinem Handy Weihnachtsmusik anzustellen, und mein Schwager Till zaubert zwei Flaschen Wein aus dem Korb, den meine Schwester reingetragen hat.

Wir stoßen an, essen und reden quer durcheinander. Ich hätte nicht gedacht, dass Fischstäbchen so gut schmecken können. Meine Mama hat sie auf den Punkt perfekt gebraten.

Ich werde sehr oft aufgezogen während des Essens, aber ich bin so getragen von meiner Familie, die mit mir das schrägste Weihnachtsfest feiert, das wir je hatten. Also beichte ich auch noch den letzten Teil.

„Der Weihnachtsmann hat mir lauter komische Geschenke mitgegeben. Ich weiß gar nicht, was das soll.“

„Du hast den Weihnachtsmann getroffen? Wie sah er aus?“ Madita dreht sich auf meinem Schoß um, damit sie mir ins Gesicht gucken kann.

Ich lass mir etwas Zeit mit der Antwort. Alle schauen mich gespannt an.

„Ein bisschen wie dein Papa und wie dein Opa, und wie Linda und Katrin, Till und Sarah …“ Ich zähle alle auf, die am Tisch sitzen. Die Erwachsenen strahlen und verstehen, was ich sage, und die Kinder sind ganz wild auf die seltsamen Geschenke.
Wir erfinden ein Spiel, bei dem ich immer ein Geschenk in den Flur lege und die andern dann zufällig eine Person bestimmen, die es bekommt.
Linda kriegt einen Mülleimer, den sie als Stuhl nutzt. Mein Papa bekommt eine Duschhaube, die er sofort aufsetzt und den restlichen Abend trägt, auch bei den Familienfotos. Till freut sich über eine Spaghettizange, mit der er den Kindern in die Nase kneift. Madita kriegt einen Teppich, den sie sofort zum fliegenden Teppich erklärt. Nacheinander darf jeder mal mit ihr fliegen. Alle haben so viel Spaß mit meinen unpassenden Geschenken, dass die echten Geschenke von den anderen kaum Beachtung finden.
Als ich um ein Uhr nachts die Tür hinter ihnen schließe, danken mir alle für das tolle Fest.
Ich lege mich unter den geschmückten Gummibaum. Die Lichterkette strahlt an der Decke wie ein Sternenhimmel.
Vermutlich gucke ich gleich noch Bridget Jones. Das ist meine Tradition an Weihnachten. Vielleicht bleibe

ich aber auch einfach hier auf dem Boden liegen und schicke ein kleines Gebet hoch in den Lichterkettensternenhimmel.

„Danke für das Wunder!“, bete ich. Und nach einer Pause füge ich mutig hinzu: „Wenn ich nächstes Jahr wieder ein Weihnachtsmensch bin, vielleicht muss ich dann Bridget Jones nicht mehr alleine gucken?!“

An Weihnachten ist alles möglich. Nicht nur im Film.

Es ist Weihnachtstag

Reinhard Mey

Es ist Weihnachtstag, und es ist Viertel nach zwei.
Ich kann aufatmen,
der Weihnachtsstress ist endlich vorbei.
Jetzt gibt's gar nichts mehr zu kaufen,
alle Läden sind zu:
Klappe zu, Affe tot, jetzt ist endlich Ruh'.
Ich hab' den Baum im Ständer,
die Geschenke eingehüllt,
alle Karten abgeschickt, kurz –
alle Pflichten sind erfüllt.
Jetzt bring' ich nur noch so,
als kleine Aufmerksamkeit,
'ne Dose Weihnachtskeks zu Müller-Wattenscheidt.

Zu Müller-Wattenscheidt,
da führt der Weg mich nun mal genau
vorbei am Haus von Dr. Zickendraht
und seiner Frau,
die hat mir 'ne Autofensterkloroll'nhäkelmütz
geschenkt.

Und wenn sie nichts von mir kriegt,
ist sie zu Tod' gekränkt.
Also kling'le ich bei ihr und überreich' ihr gradewegs
die für Müller-Wattenscheidt bestimmte Dose
Weihnachtskeks.
Sie nötigt mich auf ein Glas Persiko und Erdnussflips
und schenkt mir dann ein selbstgegoss'nes
Fachwerkhaus aus Gips.

So, die Zickendrahts sind gut bedient,
doch, andererseits,
was schenke ich denn jetzt bloß
den Müller-Wattenscheidts?
Die Läden zu, die Kekse weg, der Ofen ist aus,
ach, dann schenk' ich ihnen halt
das gips'ne Fachwerkhaus.
Es macht sie glücklich, und sie hängen es auch gleich
an die Wand,
loben mein Basteltalent und preisen
meinen Kunstverstand,
Und schenken mir, so sehr ich mich auch wehre
und empör',
'ne Krawatte und dazu 'ne Flasche Eierlikör.

Mann, jetzt aber nichts wie auf dem schnellsten
Wege nach Haus.
Da treff' ich vor Zickendrahts doch noch Roswitha
und Klaus.
Und die drücken mir gleich großzügig 'ne
Dose in die Hand:
Und zwar die mit meinem Keks,
die hab' ich gleich wiedererkannt.
Also rück' ich schweren Herzens
nun auch meine Beute raus:
Die Krawatte kriegt Roswitha
und den Eierlikör Klaus.
„Frohe Weihnacht" säuseln sie, „wir müssen weiter,
tut uns leid,
wir sind grade auf dem Weg
zu Müller-Wattenscheidt!"

Was lehrt uns dieses Gleichnis?
Dass auch mit Hinterlist
geben nun mal seliger denn nehmen ist!

Schönste Bescherung

Max Koranyi

Dass zu einer echten Bescherung die Überraschung gehört, wissen wir. Ich bezweifle aber, dass die Hirten auch nur von Ferne ahnten, was vor ihnen ausgepackt werden würde. Es war kein böses Erwachen, ganz und gar nicht. Aber vorhersehbar doch nicht minder. Auf alle Fälle aber nicht so abschreckend, dass niemand mehr den Hirten zur Stalltür hinein gefolgt wäre. Sonst hätte es Martin Luther kaum verantworten können, uns allesamt 1535 den staunenden Gesichtern hinterherzuschicken. „Des laßt uns alle fröhlich sein / und mit den Hirten gehn hinein / zu sehn, was Gott uns hat beschert, / mit seinem lieben Sohn verehrt." Wahre Bescherung also hat zunächst einmal nichts zu befürchten. Da wird im Weihnachtszimmer nicht abgerechnet, was wir über das Jahr hin in den anderen Zimmern angestellt haben. Oder auf den Feldern der Welt. Denn Grund zum Fürchten vor dem, was sich hinter der Tür auftut, hätten sie schon gehabt, die Hirten. Und so braucht es zur Bescherungsmotivation schon Engel,

die die lähmende Furcht vor dem, was man eventuell alles zu sehen bekommt, verscheuchen. Und stattdessen Freude, gar große Freude, gar große Freude für alles Volk versprechen. Was nicht heißt, dass dann auch Gottes Bescherung maßvoll, verständlich und überschaubar ausfallen wird. Wenn der erste Blick in unser Weihnachtszimmer nicht zumindest einen Funken von unglaublicher Freude, überwältigender Schönheit und himmlischer Unaussprechlichkeit erfasst, dann stimmt mit der Bescherung irgendetwas nicht. Aber Bescherung kann man sich nicht – selbst von einem Engel – beschreiben lassen, die muss man erleben. Selbst Dabeisein ist hier wirklich alles. Persönliches Entgegennehmen ganz entscheidend. Gott beschert ja nicht ins Blaue hinein, sondern nun eben gerade für uns einmalige Menschen; vor allem aber für die, denen bisher niemand etwas eingepackt hat. Wir würden uns jetzt alles, aber auch wirklich alles nehmen, wenn wir den Fußspuren der Hirten nicht folgen würden. Und zwar angstfrei, mit neugieriger Fröhlichkeit im Gemüt. Damit lässt es sich sowieso immer besser auf Weihnachten zu wandern. Wer sich jetzt selber nicht in den Stall aufmacht, versäumt alles. Sollte es dazu nicht äußerst motivierend für uns sein, dass die Hirten ja gerade nicht mit enttäuschtem, gar entsetztem Blick wieder zur Tür herausfliehen, sondern sich scheinbar gar nicht mehr vom Innersten losreißen können? Dabei behaupte ich nicht, dass die Weihnachtsbescherung Gottes ein harmloses Kinderspiel wäre. Kind schon, aber Spiel? Um „zu sehn, was Gott uns hat beschert", muss man schon einem Engel weiter zuhören, der bereit ist, alles zu klären. Sonst macht sich vielleicht dann doch noch Enttäuschung breit, weil man Ochs und Esel selber zu Hause hat und arme Kinder Tag für Tag auf Stroh gebettet werden. Es ist aber nicht nur irgendein armes Kind, das den Hirten entgegengestrahlt. Gottes Bescherung nämlich – ist er selbst. Er hat sich gedacht, uns einmal so zu verehren, dass er sein Innerstes uns vermacht. Dazu aber musste er so klein werden. Und unscheinbar. Und schwach. Um uns auf gleicher Höhe in die Augen sehen zu können; und zwar strahlend. Schönste Bescherung: Gott verschenkt sich selbst an uns. Es ist wahr: Das macht auf den ersten Blick nach außen hin nichts her. Statt „Krippe, Windelein so schlecht" hat sich ein Hirte auf Eindrücklicheres eingestellt. Und wir tendieren ja zum Christfest nicht weniger zu dem, was sogleich mächtig in die Augen springt. Aber so ist das nun einmal mit Gottes Bescherung: Die Fülle seiner

Weihnachtsliebe ruht tatsächlich als ein Kind auf Stroh. Das kann man bezweifeln, natürlich. Um sich dann doch lieber woanders bescheren zu lassen. Man kann aber auch inmitten alles sonstigen Glanzes eines Weihnachtszimmers seinen Blick zunächst auf die aufgebaute Krippe heften; sich – von welchem Engel auch immer – noch einmal über den Heiland dort auf Stroh aufklären und zu ihm einladen lassen; den Hirten neugierig hinterhergehen; mit eigenen Augen dann auch tatsächlich wahrnehmen und „sehn, was Gott uns hat beschert". Und dann? Nun, dann so reich beschenkt wie noch nie zusammen mit den Menschen vom Feld umzukehren und Gott zu loben und zu preisen für eine Bescherung, die man wahrhaftig jetzt selber gehört und gesehen hat. Um dieses schönste aller Weihnachtsgeschenke nun vorsichtig in den eigenen Händen hinaus, in die Welt, ins neue Jahr hinein zu tragen.

Raclette

Sandra Da Vina

Ich habe mir ein Hotelzimmer gemietet, um darin zwölf Stunden lang sehr heftig zu raclettieren. Das ist diese Art von Luxus, die ich mir in der Winterzeit gerne mal gönne. Einfach mal raus aus dem stressigen Alltag und rein in ein 4-Sterne-Romantik-Hotel, den Koffer voller Dosengemüse und Schmelzkäse, im Rucksack ein 24-Pfännchen-Raclette-Set und unterm Arm den rostigen Tischgrill.
Mein Raclette ist noch original aus den 80er-Jahren. An diesem Gerät klebt noch das kulinarische Vermächtnis meiner Vorfahren. Ein Poesiealbum aus Käse- und Fleischresten. Käse, dessen Milch aus einem Euter stammt, der noch in den späten 70ern über DDR-Land baumelte. Und darunter ein Raclette-Grill, der weiß, was er will. Der so viel Strom verbraucht, dass damit ein Tesla die Strecke Berlin-München viermal fahren könnte. Inklusive laufender Sitzheizung, dauerhaft angezogener Handbremse und einem angehängten Campingwagen.
Mit so einem 80er-Jahre-Raclette-Grill fliegt einem gerne mal die Sicherung raus. Mit meinem 80er-Jah-

re-Raclette-Grill fliegen dem Hotel an diesem Abend viermal die Sicherungen raus. Das sorgt für einigen Unmut, aber schließlich finde ich im Nachtschrank eine Steckdose, die es tatsächlich mit meinem Gerät aufnehmen kann. Es kann losgehen.
Ich skizziere nun zunächst die drei Stadien des Raclettierens in chronologischer Reihenfolge:

Stadium 1: Die Vorfreude
Man ist einigermaßen aufgeregt ob der nahenden Nahrungszufuhr. Noch findet man großen Gefallen an dem reichen Speiseangebot und klatscht entzückt in die Hände über den bereitgelegten Käse. Wenn man in Gesellschaft ist, sagt man Dinge wie: „Ach, das wird fein. Ich habe heute extra noch nichts gegessen“ und meint damit, dass man extra noch nichts gegessen hat, außer sieben Nutella-Broten, einem Döner, drei Bananen und dieser Scheibe Mortadella-Wurst, die einem beim Metzger zugesteckt wurde, weil man sich wieder so verdammt kindisch benommen hatte. Jedes Mal.

Stadium 2: Das heftige Raclettieren
Der Grill ist warmgelaufen und die ersten Pfännchen sind im Game. Jetzt ist der Rest magic. Der Anblick

einer würzigen Raclette-Käse-Scheibe, wie sie im gelbroten Licht der Heizstäbe zu schwitzen beginnt, um sich schließlich, gleich einem hautengen Satinoberteil, um den Körper der darunter befindlichen Dosenerbsen zu schmiegen. Daneben eine Anhäufung vorgegarter Kartoffeln an Ananas-Kochschinken-Tartar mit leichter Pfeffer-Note. Dazu zwei bis siebzehn Gläser Rotwein, die eine unerwartete kulinarische Experimentierfreude in einem entfachen. Wie ein verrückt gewordener Fernsehkoch beginnt man damit, wild Zutaten zusammenzuwerfen. Irgendwann raclettiert man alles, was vom Sitzplatz aus bequem erreichbar ist und nicht atmet. Auf diese Weise verschwinden vier Korkuntersetzer.

Stadium 3: Die Reue

Man ist am Ende, körperlich und mental. Die letzten 17 Pfännchen waren zu viel. Man hätte vor zwei Stunden aufhören sollen, man hätte nie anfangen dürfen. Schon beim Wort „Raclette" rumpelt es gefährlich in der Magengegend. Man hat an diesem einen Abend so viel gegessen wie im gesamten Monat Mai nicht. Und ich spreche vom Mai 2014, als ich mehrere Cevapcici-Wettessen und drei All-You-Can-Eat-China-Buffets besucht habe, und das an jedem Dienstag.

Kurz gesagt: Nach Stadium 3 passiert nicht mehr viel. Außer letztes Jahr. Da habe ich überraschenderweise Stadium 4 erreicht. Aber darüber möchte ich jetzt hier nicht sprechen.

Dieses Jahr mache ich alles richtig. Ich sitze also in diesem Doppelzimmer und raclettiere mir einen weg, dass die Wände nur so scheppern. Die Fensterscheiben beschlagen von innen, am Fernsehbildschirm laufen kleine Kondenstropfen hinunter, sodass es so aussieht, als würde Emily bei „GZSZ“ sehr doll weinen. Tatsächlich weint Emily wirklich sehr doll, dann sieht es aber jetzt so aus, als würde Emily sehr doll weinen und sehr doll schwitzen. Darin sind wir uns sehr ähnlich. Ich habe nur noch meine Unterwäsche an und fühle mich reichlich sommerlich. Im Raum hat sich eine Menge Rauch versammelt. Draußen hat irgendjemand die Feuerwehr gerufen. Das Hotel muss vermutlich sehr sorgfältig renoviert werden. Ich bin satt und glücklich

Später werde ich sehr gut schlafen. Vielleicht wache ich pünktlich zu Weihnachten wieder auf, wenn ich fertig bin mit dem Verdauen. Und dann wünsche ich mir nur eins: ein schönes Romantik-Raclette-Wochenende. Und neue Korkuntersetzer.

Was unternehme ich Silvester?

Kurt Tucholsky

Soll ich zu Kallmanns gehen? Die zünden ihren Tannenbaum an, drehen das Grammophon auf, das ihnen „Stille Nacht, heilige Nacht“ vorkratzt, die Kinder lagern sich mit den Torsos ihrer Spielsachen auf den guten Teppich und Vater raucht die neue Pfeife an. Mutter Kallmann spricht mit mir über die Dienstbotenmisere und ich sage: „Jawohl, gnädige Frau! ... Gewiss, gnädige Frau! ... Denken Sie nur, gnädige Frau!“ Das andre sagt sie. Ich werde doch lieber nicht zu Kallmanns gehen.

Soll ich zu meiner Freundin mit der schönen Seele und den dicken Beinen gehen? Sie wird feuchte, große Augen machen und mich mit Erinnerungen plagen. Sie wird feierlich gestimmt sein, was ihr gar nicht steht, und wird hochzeremoniös – auch sie – den Weihnachtsbaum entzünden und sagen: „Lieber Peter ...“ Bu. Ich werde doch lieber nicht zu meiner schönen Seele gehen.

Soll ich auf einen öffentlichen Ball gehen? Da werden sich zweitausend Menschen in Räumen drängen, die nur für zweihundert berechnet sind. Kellner werden sich den Sacharinsekt zu Valutapreisen aus den Händen schlagen lassen, und irgendwo im Wirbel und Rauch lärmt eine Kapelle. In der Mitte tun ein paar Leute so, als ob sie tanzten. Es sind alle da: Man zeigt sich die Herren aus der Wilhelmstraße, Kino-Namen werden geflüstert und die Bühne hat ihre besten Vertreter … auch die Wissenschaft … Nur die Kokotten benehmen sich anständig. Wer wird auch Silvester fachsimpeln, wenn man's das ganze Jahr tun muss …! Die Luft wird stickig und verbraucht sein, die Scherze auch. Nein – ich werde doch lieber nicht auf einen öffentlichen Ball gehen.

Soll ich auf einen privaten Ball gehen? (Oho! Ich bin eingeladen!) Die Zimmer werden ausgeräumt sein, die Lampen blau und lila umkleidet. Es wird Sekt geben und kleine Brötchen. Am Klavier ein Mann und eine Geige. Es wird viel und hingebend getanzt. Auf dem Teppich und auf den Sofas knautschen sich die Paare, so, als ob es auf der ganzen weiten Welt kein Bett gäbe. Nur die festen Verhältnisse benehmen sich anständig. (Man soll nichts verreden.) Die Tochter vom Haus wird alle Minen ihres goldenen Temperaments springen lassen – sie findet es so furchtbar interessant, das alte Wort zu variieren: Immer davon sprechen, aber es nie tun! Die jungen Herren werden sich bei den jungen Damen alle Freiheiten erlauben, weil sie nichts kosten. Auch Hessen-Nassau ist eine Provinz. Nein, ich werde doch lieber nicht auf einen privaten Ball gehen.

Also: Was dann –? Ich schlage vor, wir füllen die kleine blaue Blumenvase wie gewöhnlich mit roten Blumen und trinken einen stillen roten Wein. Vielleicht erwachst du nachts so gegen zwölf. Ich werde dir dann sagen: „Liebe – ich glaube, jetzt muss ich mir einen Zylinder aufsetzen und du schlägst ihn ein. Das ist so Sitte." Und darauf du: „Ich bin so müde. Gute Nacht."

Und wenn du morgen früh aufwachst, ist es – wetten, dass? – 1922, und ich küsse dir das neue Jahr aus den Augen. Und da es ein alter Aberglaube ist, dass man das ganze Jahr hindurch tun wird, was man Silvester tut, so eröffnen sich für uns freundliche und wahrhaft erfrischende Perspektiven. Prosit Neujahr!

Silvesternacht

Ludwig Thoma

Und nun, wenn alle Uhren schlagen,
so haben wir uns was zu sagen,
was feierlich und hoffnungsvoll
die ernste Stunde weihen soll.
Zuerst ein Prosit in der Runde!
Ein helles, und aus frohem Munde!
Ward nicht erreicht ein jedes Ziel,
wir leben doch, und das ist viel.
Noch einen Blick dem alten Jahre,
dann legt es auf die Totenbahre!
Ein neues grünt im vollen Saft!
Ihm gelte unsre ganze Kraft!
Wir fragen nicht: Was wird es bringen?
Viel lieber wollen wir es zwingen,
dass es mit uns nach vorne treibt,
nicht rückwärtsgeht, nicht stehen bleibt.
Nicht schwächlich, was sie bringt, zu tragen,
die Zeit zu lenken, lasst uns wagen!
Dann hat es weiter nicht Gefahr.
In diesem Sinne: Prost Neujahr!

Des Jahres Feste

Joachim Ringelnatz

Aber das ist ja überall nahezu das Gleiche. Zum Geburtstag wurde man beschenkt und genoss besondere Nachsicht, besondere Aufmerksamkeiten.

Ostern legte der Osterhase, legten später Eltern, Tanten und Großmama Eier in immer größeren Formaten.

Pfingsten spielte keine sonderliche Rolle, da mein Vater ein Mann in freiem Beruf war.

Der Weihnachtsbescherung gingen besondere intime, überlieferte oder eingeführte Gebräuche, Scherzchen und Sentimentalitäten voraus und ebensolche familiär geheiligte Bräuche folgten. Es liegt mir fern, mich darüber lustig zu machen. Ich will nur hier auf das in allen Variationen so oft geschilderte Thema nicht weiter eingehen. Weihnachten war auch uns Kindern in jedem Jahr das Fest der Seligkeit, der Herzlichkeit, der Anhänglichkeit, des Reichtums, des Glücks.

Und zu Silvester kriegten wir Pfannkuchen, durften Punsch trinken und um Mitternacht leicht angeheitert am offenen Fenster lauschen. Draußen, drunten läuteten die Glocken, rief man „Prost Neujahr“, knallte Feuerwerk. Auch wir durften einmal mutig, als wär’s was, aus dem Fenster brüllen: „Prost Neujahr!“

Quellen

Hazel Brugger, Drei Nüsse für Hazelbrödel
Aus: Hazel Brugger, Ich bin so hübsch
Copyright © 2016 by KEIN & ABER AG Zürich – Berlin

Sandra Da Vina, Raclette
© bei der Autorin
Sandra Da Vina lebt und schreibt in Essen, ihre Erzählbände erschienen im Lektora Verlag. Mehr auf www.sandradavina.de.

Carmen Eder, 24 Dates
© bei der Autorin

Horst Evers, Die schönsten Weihnachtsmärkte der Welt (Folge 26): Der Christkindlesmarkt in Nürnberg
Aus: Horst Evers, Wäre ich du, würde ich mich lieben
© 2013, Rowohlt · Berlin Verlag GmbH, Berlin

Günter Herlt, O Pannenbaum
Aus: Thomas Kupfermann, Frohes Fest noch.
© 2016 Eulenspiegel Verlag, Berlin

Franz Hohler, Wo die Kälte herkommt
© beim Autor
Franz Hohler lebt und schreibt in Zürich, mehr auf franzhohler.ch

Verena Klefing, Der gefallene Engel
© bei der Autorin
Verena Klefing lebt und schreibt in Nordhorn, mehr auf www.lyriklust.wordpress.com.

Regine Kölpin, Der Wasserhahn tropft
© bei der Autorin
Regine Kölpin lebt in Friesland an der Nordsee, mehr unter www.regine-koelpin.de.

Max Koranyi, Schönste Bescherung
© beim Autor

Reinhard Mey, Es ist Weihnachtstag
Musik & Text: Reinhard Mey
© by edition reinhard mey GmbH

Walter Müller, Meine zwei Adventkalender
Aus: Walter Müller, Engel, Engel scharenweise
© Argon Verlag, Berlin 2002. Alle Rechte vorbehalten S. Fischer Verlag GmbH, Frankfurt am Main

Petra Piater, „'tschuldigung, würd'n Sie mal 'n Engel spielen?"
© bei der Autorin
Petra Piater kommt eigentlich vom deutschen Regionalfernsehen, aber schreibt, moderiert und dolmetscht gern. Ihre Familie lebt nach den beruflichen Stationen ihres Mannes in verschiedenen anderen Ländern nun schon seit gut 10 Jahren in Österreich.

Judith Pinnow, Der Weihnachtsmensch
© bei der Autorin

Susanne M. Riedel, Süßer, die Glocken
© bei der Autorin
Susanne M. Riedel lebt und schreibt in Berlin, mehr auf www.regenrausch.de.

Hans Scheibner, Schlicht und einfach
© beim Autor

Jessie Scheithauer, Und ab geht die Post
Aus: Stephan Koranyi & Gabriele Seifert (Hrsg.), Weihnachten auf Besuch,
© 2016 Philipp Reclam jun. Verlag GmbH, Ditzingen

Annemarie Wagner, Das Weihnachtswunder der kleinen Tanne
© bei der Autorin

Jenni Zylka, Xmas Xtreme
© bei der Autorin

Wir danken den Verlagen und Autor:innen für die freundliche Abdruckgenehmigung.